Gutachten H
zum 68. Deutschen Juristentag
Berlin 2010

Verhandlungen des 68. Deutschen Juristentages

Berlin 2010

Herausgegeben von der

Ständigen Deputation

des Deutschen Juristentages

Band I

Gutachten

Teil H

Die Zukunft der Freien Berufe zwischen Deregulierung und Neuordnung

Gutachten H

zum 68. Deutschen Juristentag

Erstattet von

Prof. Dr. Jörn Axel Kämmerer

Lehrstuhl für öffentliches Recht, Völker- und Europarecht
der Bucerius Law School Hamburg

Verlag C. H. Beck München 2010

Verlag C. H. Beck im Internet:
beck.de

ISBN 978 3 406 60196 5

Wilhelmstraße 9, 80801 München
Druck: Druckerei C. H. Beck Nördlingen
(Adresse wie Verlag)

Gedruckt auf säurefreiem, alterungsbeständigem Papier
(hergestellt aus chlorfrei gebleichtem Zellstoff)

Inhaltsverzeichnis

Die Zukunft der Freien Berufe zwischen Deregulierung und Neuordnung

Es gibt die Freien Berufe noch. Bei einer Berufsgruppe, deren Identität durch Ethos und Tradition immer stärker geprägt gewesen ist als durch das Recht und deren juristische Profilierung zu allen Zeiten Mühe bereitete, ist dies kein selbstverständlicher Befund. Gerade der Konnex zwischen starkem berufsständischen Selbstbewusstsein, fester Verankerung im gesellschaftlichen Bewusstsein und Elastizität der normativen Rahmenbedingungen, denen die Berufsgruppe insgesamt unterliegt, dürften zum Überdauern der Freien Berufe als rechtserheblicher Kategorie beigetragen haben. Tradition aber ist kein Selbstzweck. Vielmehr haben sich die Freien Berufe Herausforderungen zu erwehren, die wie die Europäisierung der Dienstleistungsmärkte wie normative Wogen über sie hereinbrechen. Solche Herausforderungen, wie sie insbesondere in die EG-Dienstleistungsrichtlinie von 2006 (DLRL) manifest werden, können zur Revision tradierter Ordnungsmodelle zwingen. Sie mögen als Bedrohung der Freien Berufe begriffen werden, deren Konturen sich im uferlosen „Binnenmarkt für Dienstleistungen" auflösen könnten – auch wenn sie, wie Art. 50 II EG und Art. 57 II AEU unterstreichen, in diesem Markt schon als mehr als 50 Jahren eingewurzelt sind. Indes kann der geforderten Adaptation auch eine Chance zur Stärkung der Berufsgruppe und ihrer terminologischen wie konzeptionellen Legitimität innewohnen. Diese Studie will keinen möglichen Abschied von den Freien Berufen erörtern, ebenso wenig wie sie im Anschluss an manche Denkschriften eine normative und soziologische Begründung für die Alternativlosigkeit des Status quo (d.h. *traditus*) zu liefern sucht. Vielmehr nimmt sie auf der Basis des Europa- und Verfassungsrechts – und mit einem Schwerpunkt auf den (rechts)beratenden Berufen – Ansatzpunkte für eine Neuordnung in Augenschein. Sie lässt sich dabei von der Frage leiten, inwieweit die oft tradierten, aus der Dialektik von Empirie und rechtlicher Formung erwachsenen Besonderheiten der Freien Berufe durch Konturenschärfung der zugehörigen Einzelberufe und eine Profilierung der gesamten Berufsgruppe inhaltlich und begrifflich in einer Weise gestärkt werden können, dass sie auf staatlicher wie europarechtlicher Ebene weiterhin mit Fug und Recht eine „Sonderstellung“ in Anspruch nehmen können.[1]

[1] Für eine solche Profilierung sprechen sich auch Berufsgruppenvertreter aus; vgl. nur *Dittberner,* Freie Berufe und aktuelle wirtschaftspolitische Themen, in: Merz (Hrsg.), Freie Berufe – Einkommen und Steuern, 2008, 29 (31). – Zur „Sonderstellung“ vgl. nur BVerfGE 120, 1 (35f.).

A. Freie Berufe als Ordnungsgegenstand

Als *rechtliche* Kategorie haben die Freien Berufe Zukunft, solange erstens ein übergreifendes rechtserhebliches Berufsgruppenprofil bestimmt oder neu entfaltet werden kann und zweitens Bedarf für spezifische Regulierungsmaßnahmen besteht, die an einem solchen Profil anknüpfen und es zugleich legislativ fortschreiben. Die Frage nach der *Neu*ordnung Freier Berufe und ihres Profils kann ohne Blick auf die existenten Strukturen, ihre Ordnung also, nicht beantwortet werden. Mit *Ordnung* kann Klassifikation und Systematisierung oder auch der rechtliche Kontext gemeint sein, in welchem die Berufsgruppe, jeder der ihr zugehörigen Berufe und diese untereinander stehen. Im besten Falle ist sie konsistent und widerspruchsarm, weil sie sinnvollen Ordnungsmaßstäben folgt. Lücken und Widersprüche rufen nach Neuordnung, insbesondere dann, wenn sie europa- oder verfassungsrechtlich geboten ist oder rechtspolitisch einen Mehrwert verspricht. Beide Ordnungsbegriffe – der juristisch-logische und der gleichsam taxonomische – lassen sich nicht scharf voneinander trennen. Denn Ordnung im Sinne sinnvoller rechtlicher Durchwirkung kann auch dazu beitragen, ein Bild der Freien Berufe als Gruppe – ein Berufsgruppenbild also – zu zeichnen, an welchem im Gegenzug die Fortschreibung einer materiellrechtlichen Ordnung ansetzen kann. Der Wechselwirkung („Europäisierung") zwischen europäischen und mitgliedstaatlichen Bestimmungen fällt dabei eine bestimmende Rolle zu. Ordnung setzt berufsgruppenbezogene Kodifikationen, die durch die Aufteilung der Kompetenzen zwischen Bund und Ländern einerseits sowie der EU und ihren Mitgliedstaaten andererseits ohnedies erschwert würden, nicht zwingend voraus. Auch die Parallelführung von Regeln für einzelne Freie Berufe kann einen auf das Verbindende fokussierten Ordnungsgeist manifestieren. Berufsübergreifende Bestimmungen unterstützen das Verwachsen von Berufsbildern zu konsistenten Berufs*gruppen*bildern. Nimmt der berufsregelnde Gesetzgeber soziale Befunde auf, treten soziologische und normative Berufskonzeptionen in ein Verhältnis wechselseitiger Bedingtheit.[2] Für die Gruppe der Freien Berufe gilt

[2] Vgl. *Rittner,* Unternehmen und freier Beruf als Rechtsbegriff, 1962, S. 8 f.

dies umso mehr, als insoweit noch immer ein soziologisches, empirisches Verständnis dominiert.[3] Doch vermag das Recht auf diese Empirie einzuwirken und dem „Berufsgruppenbild“ dadurch Konturen zu verleihen.

I. Bild und Begriff der Berufsgruppe

Im Zentrum aller Ordnungsansätze steht die Terminologie. Sollen übergreifende Sachregelungen möglich werden, reicht eine enumerative Konzeption nicht aus. Bislang haben sowohl der deutsche als auch der europäische Gesetzgeber sich die materielle Essenz der sozietären Begriffsschöpfung „Freier Beruf“ nur zaghaft und unvollkommen zueigen gemacht.[4] Das Europarecht nimmt auf das deutsche Regelungskonzept insbesondere durch Anforderungen an die freie Dienstleistung und Niederlassung Einfluss. Konzeptionelle Divergenzen zwischen Brüssel und Berlin sind nur so lange unerheblich, wie das Europarecht die Zugehörigkeit zur Berufsgruppe nicht mit Rechtsfolgen verknüpft, und können unabhängig davon die gewünschte Schärfung des Berufsgruppenprofils hemmen.

1. Deutsches Recht

Die auf Freie Berufe in toto oder in parte Bezug nehmenden deutschen Rechtsvorschriften lassen weder ein übergeordnetes Regelungsziel noch ein einheitliches Begriffsverständnis erkennen. Gemäß § 1 II PartGG haben sie „im allgemeinen auf der Grundlage besonderer beruflicher Qualifikation oder schöpferischer Begabung die persönliche, eigenverantwortliche und fachlich unabhängige Erbringung von Dienstleistungen höherer Art im Interesse der Auftraggeber und der Allgemeinheit zum Inhalt“. Anders als dieser enthält § 18 I Nr. 1 S. 3 EStG, wonach freiberuflich agiert, wer „auf Grund eigener Fachkenntnisse leitend und eigenverantwortlich tätig wird“, nur noch Rudimente einer Legaldefinition. Ist § 1 PartGG auf den Freien *Beruf* als Lebensgrundlage gemünzt, knüpft die steuerrechtliche Regelung des § 18 I Nr. 1 EStG an freiberufliche *Tätigkeit*

---

[3] Vgl. BVerfGE 10, 354 (364): „soziologischer Beruf“; vgl. auch *Taupitz,* Die Standesordnungen der freien Berufe, 1991, S. 17 m. w. N.; Regierungsentwurf zum PartGG, BT-Drucks. 12/6152, S. 9; krit. *Ganster,* Freie Berufe und Kapitalgesellschaft – das Ende der freien Professionen?, 2000, S. 532.

[4] Vgl. *Sodan,* Freie Berufe als Leistungserbringer, 1997, S. 26 ff.

an.[5] Der abstrakte Ansatz wird jeweils durchbrochen und, je nach Sichtweise, entwertet oder gestützt, indem ihm eine nicht abschließende („und ähnlicher Berufe") Liste von „Katalogberufen" zugesellt wird. Hinzu kommt in § 18 I 2 EStG ein „intermediärer" Regelungsansatz: Freiberufliche Tätigkeiten werden zu fünf Kategorien gebündelt, welche die Bandbreite des Enumerativkataloges jedoch nicht vollständig ausschöpfen: wissenschaftliche, künstlerische, schriftstellerische, unterrichtende oder erzieherische Tätigkeit. § 6 I GewO begnügt sich, ohne den Terminus „Freier Beruf" wörtlich zu erwähnen,[6] mit der Formulierung eines Katalogs von Berufen, die (grundsätzlich[7]) nicht in den Anwendungsbereich des Gesetzes fallen.[8]

Berufs*spezifische* Bekundungen zur Freiberuflichkeit[9] weichen von den vorstehenden Bestimmungen teilweise insoweit ab, als das Merkmal der wirtschaftlichen Selbständigkeit hinter die „unabhängige" bzw. funktional eigenständige Berufsausübung zurückweicht:[10] Auch Arbeitnehmer gelten ihnen (und dem Kammerrecht) als Freiberufler. Eine Komplementärfunktion im Verhältnis zu den offenen, wenig funktionalen und teils als Rahmen-, teils als Typusmerkmale betrachteten[11] Elementen der steuer- und gesellschaftsrechtlichen Vorschriften fällt „Negativdefinitionen" zu: Freiberufliche Tätigkeit ist, wie diverse einzelberufliche Gesetzesbestimmungen versichern, kein Gewerbe.[12] Allerdings ist die Gewerbedefinition nach gleichem Muster konstruiert, so dass eine Zirkularverweisung erwächst, welche sich vorwiegend aus überkommenem Berufsethos nährt und das Fehlen subsumtionsfähiger Abgrenzungsmerkmale kaschiert. Zum Gewerbe (i.S.v. § 1 GewO) rechnet die historisch gewachsene Anschauung selbständige, erlaubte, auf Gewinnerzielung gerichtete und auf eine gewisse Dauer angelegte Tätigkeiten – ausgenommen aber die Freien Berufe.[13] Das Artifizielle der Trennung zwischen Gewer-

---

[5] Vgl. *Lambrecht,* in: Kirchhof (Hrsg.), EStG, 8. Aufl. 2008, § 18 Rn. 5.

[6] Dies ergibt sich für § 6 I GewO aber aus dem Einigungsvertrag, Anl. I, Kap. VIII, Sachgebiet B, Abschn. III, Nr. 9 lit. a, bb.

[7] Vgl. aber jetzt § 6 Ia GewO.

[8] Außerdem § 4 Nr. 14 S. 1 UStG sowie § 96 BewG, jeweils mit Verweis auf § 18 I 2 EStG; § 15 II 2 EStG; § 13 BauNVO; § 2 II IHKG; § 98 II Nr. 13 SGB V.

[9] § 1 II BÄO; § 1 II BTÄO; § 2 I BRAO; § 2 I PAO; § 32 II StBerG; § 1 II 1 WPO; § 21 I SeeLG; nicht ausdrücklich: § 1 IV ZHG.

[10] Vgl. nur § 1 BRAO; § 57 I StBerG; § 43 I 1 WPO – insoweit auch im Sinne einer Berufspflicht.

[11] Rahmen: Bundesverband der Freien Berufe (BFB), Leitbild 2009, S. 17, unter Bezug auf *Mössner,* Typusmerkmale im Steuerrecht, FS Kruse, 2001, S. 161 (169); Typus (wohl h.M.); *Taupitz* (o. Fn. 3), S. 23 ff.; *Sodan* (o. Fn. 4), S. 63 f.; *Mann,* NJW 2008, 121 (122).

[12] So z.B. § 1 II BÄO; § 1 IV ZHG; § 2 II BRAO.

[13] *Kahl,* in: Landmann/Rohmer, GewO, 49. EL 2007, § 1 Rn. 3; *Tettinger,* in: ders./ Wank, GewO, 7. Aufl. 2004, § 1 Rn. 49 ff.; krit. *Henssler,* ZHR 161 (1997), 13 (24 f.).

be und Freiem Beruf verdeutlicht vielleicht am besten die hybride Stellung der Apotheker, die nach einer (55 Jahre alten) Diagnose des BVerfG einen „gewerblichen Freien Beruf des Gesundheitswesens" ausübten[14] – und damit eine contradictio in adiecto verkörpern. Apotheker, nach der Verkehrsauffassung zwar Freiberufler, finden sich weder im Apothekengesetz als solche bezeichnet, noch scheinen sie in § 18 I Nr. 1 EStG und § 1 II PartGG auf, obwohl sie die abstrakten Tatbestandsmerkmale zu erfüllen scheinen (zur Sonderstellung der Notare s. infra 4b). Der beschriebene Verweisungszirkel ficht den Gesetzgeber nicht an, an die Zugehörigkeit zur freiberuflichen oder gewerblichen Gruppe Folgen steuerrechtlicher (Gewerbesteuerpflicht), aber auch verwaltungsrechtlicher (Anwendbarkeit der GewO) und gesellschaftsorganisationsrechtlicher Art zu knüpfen. Nur Freiberufler können sich zu einer Partnerschaftsgesellschaft verbinden, der Zusammenschluss zur OHG oder KG hingegen setzt im Grundsatz den Betrieb eines Gewerbes voraus.[15]

In der Gesamtschau mangelt es dem deutschen Recht derzeit an einer kohärenten, übergreifenden Konzeption des Freien Berufs bzw. der freiberuflichen Tätigkeiten. Auf dem schwankenden Boden des Dualismus von Freien Berufen und Gewerbe lastet ein schief konstruiertes und hyperkomplexes Rechtsgebäude, dessen tragende Säule letztlich die Kasuistik geblieben ist.[16] Die Kategorie der Freien Berufe selbst durchschneiden dabei mehrere Bruchlinien (zu denen sich nun noch die europarechtlich veranlasste Aufgliederung in reglementierte und nicht reglementierte Freie Berufe[17] gesellt). Eine von ihnen verläuft zwischen dem Besonderen Wirtschaftsverwaltungs- und Steuerrecht und den berufsspezifischen, insbesondere kammerrechtlichen Vorschriften, welche der arbeitsrechtlichen Realität (angestellte Rechtsanwälte, Ärzte etc.) Rechnung tragen. Darüber hinaus sind das Gesellschafts- und Gewerberecht einerseits und das Steuerrecht andererseits, dessen Idee des Gewerblichen (§ 15 II GewO) und des Freiberuflichen fiskalisch modifiziert sein

---

[14] Allerdings erbringt der Apotheker nicht hauptsächlich Dienstleistungen, sondern veräußert Produkte. Zu seiner Qualifikation als „gewerblicher Freier Beruf" vgl. BVerfGE 5, 25 (29f.); BGH, NJW 1983, 2085 (2086); BFH, DStRE 1998, 547 (548); zurückhaltender BVerfGE 75, 166 (181); BVerwG NJW 1992, 994. Skeptisch *Taupitz* (o. Fn. 3), S. 29, 31, 93, 592f.; vgl. im Übrigen *Ring,* NJW 1997, 768 (769ff.); *Sodan* (o. Fn. 4), S. 207.

[15] §§ 105 II und 161 II i.V.m. § 1 II HGB. Dabei muss es sich nicht zwingend um ein Handelsgewerbe handeln, das einen in kaufmännischer Weise eingerichteten Geschäftsbetrieb erfordert, da OHG und KG auch allen sonstigen Gewerbetreibenden offen stehen.

[16] Illustrativ *Henssler,* PartGG, 2. Aufl. 2008, § 1 Rn. 199.

[17] Dazu infra 2b.

soll,[18] gegeneinander verschoben. Jene Modifikationsthese wird dadurch ad absurdum geführt, dass Gewerbesteuerpflicht wiederum spezifisch berufsrechtliche Auswirkungen – wie die Zugehörigkeit zur Industrie- und Handelskammer (§ 2 I, II IHKG) – zeitigt.

2. *Europarecht*

a) Primärrecht („Verfassungsrechtliches Verständnis")

Das europäische Recht erkennt „freiberuflichen Tätigkeiten" anders als das deutsche konstitutionelle Dignität zu, aber praktisch keine normative Relevanz. Art. 57 II AEU listet unter den Tätigkeiten, welche von der Dienstleistungsfreiheit des Art. 56 AEU (Art. 49 EG) profitieren, auch freiberufliche auf. Zu einer definitorischen Abgrenzung zwischen Freien und den ebenfalls in Art. 57 II AEU aufgeführten gewerblichen Tätigkeiten, wie sie u.a. der Wirtschafts- und Sozialausschuss gefordert hatte,[19] ist es auch auf sekundärrechtlicher Ebene bislang nicht gekommen. So ist der Zweck der nicht abschließenden Reihung ein rein illustrativer: Sofern wirtschaftliche – also entgeltliche und mit Gewinnerzielungsabsicht durchgeführte – Tätigkeiten vorliegen, sollen sie wesens*unabhängig* – und lückenlos – der Dienstleistungs- und Niederlassungsfreiheit unterworfen sein. Immerhin behandelt das Primärrecht als freiberuflich nur die selbständig ausgeübte wirtschaftliche Tätigkeit; angestellte Anwälte, Apotheker oder Steuerberater können sich nur auf die Arbeitnehmerfreizügigkeit (Art. 45 AEU) berufen.[20]

b) Sekundärrecht

Die nationalen Regelungskonzepte, Dienstleistungsintensitäten, Berufskonzeptionen und funktionalen Bezüge der für freiberufliche Tätigkeiten maßgeblichen Rechtsakte in Europa differieren erheblich. Nur wenige EU-Mitgliedstaaten haben die Idee der Freien Berufe (teilweise) verrechtlicht, manche erkennen ihnen zumindest fak-

---

[18] BVerwG NJW 1977, 772 (773); *Mauer,* WiVerw 1981, 22 (31 f.); *Tettinger,* in: Tettinger/Wank, GewO, 7. Aufl. 2004, § 1 Rn. 5; *Kahl,* in: Landmann/Rohmer, GewO, 49. EL 2007, § 1 Rn. 5. Nach BGHZ 144, 86 (88) ist „[d]er Begriff des Gewerbebetriebs […] für jedes Gesetz selbständig nach Inhalt und Zweck der jeweiligen Vorschrift und unabhängig vom Verständnis des Begriffs in anderen Rechtsgebieten zu bestimmen", Inkohärenz also Programm.

[19] Stellungnahme des WSA zum Vorschlag der KOM für eine Richtlinie […] über Dienstleistungen im Binnenmarkt, Dok. 2005/C 221/20, 3.3.2.

[20] Vgl. den Vorbehalt in Art. 57 I AEU.

tisch eine besondere Stellung kraft berufsständischer Regulierungs- und Selbstverwaltungsmechanismen zu, die in wieder anderen Mitgliedstaaten in Demontage begriffen sind (dazu auch infra B III 2).[21] Der unterschiedliche Regulierungsgrad einzelner Freier Berufe im europäischen Vergleich transponiert teils Funktionsunterschiede, teils divergente Rechtstraditionen, am stärksten zwischen Kontinentaleuropa und den Britischen Inseln. Das Europarecht sucht – insbesondere durch die Berufsqualifikationsrichtlinie von 2005 (BQRL) – solche Differenzen zu überbrücken, ohne konzeptionelle Unterschiede einzuebnen. Die BQRL zeitigt kraft ihrer Anforderungen an Ausbildungsnachweise eine Art Transformationseffekt mit Blick auf vergleichbare bzw. vergleichbar ausgestaltete Berufe. Der damit im Ansatz bereitete Weg zur kategorialen Verrechtlichung der Freien Berufe durch „Vergemeinschaftung" wurde dennoch nicht beschritten, wie die Dienstleistungsrichtlinie von 2006 (DLRL) offenbart. Die BQRL hatte in Art. 2 I ohne zwingendes rechtssystematisches Bedürfnis die „freien Berufe" noch genannt, die (einem primär tätigkeitsbezogenen, von der Person des Dienstleistungserbringers gelösten Ansatz[22] huldigende) DLRL dagegen würdigt sie mit keinem Wort. Dabei hätte es nahe gelegen, die Kategorie gerade in der DLRL aufzugreifen, um die gesamtgesellschaftliche Bedeutung Freier Berufe als Anknüpfungspunkt für Beschränkungen der Dienstleistungserbringung zu würdigen.

Erkenntniswert kommt Art. 2 I BQRL nur in der Zusammenschau mit der in Erwägungsgrund Nr. 43 vorfindenden Definition zu, wenngleich an eine Subsumtion Rechtsfolgen nicht geknüpft werden. Nach dieser offensichtlich auch deutscherseits inspirierten[23] Definition weisen Freie Berufe folgende Kernmerkmale auf:

- Erbringung geistiger und planerischer Dienstleistungen für Kunden;
- einschlägige Berufsqualifikation;
- persönliche, verantwortungsbewusste und fachlich unabhängige Ausübung.

Als arrondierendes Merkmal wird u.a. das Vorliegen einer Berufsvertretung mit der Befugnis zur autonomen Rechtsetzung genannt, um Professionalität, Dienstleistungsqualität und Vertraulichkeit der

---

[21] *Paterson/Ogus/Fink* et al., Economic impact of regulation in the field of liberal professions in different Member States, Institut für Höhere Studien (HIS), Wien, 2003, Teil I, S. 33 ff., 85 ff.

[22] *Lemor,* EuZW 2007, 136 (136), *Krames,* in: Schlachter/Ohler (Hrsg.), Europäische Dienstleistungsrichtlinie, Handkommentar, 2008, Art. 2 Rn. 2.

[23] Vgl. den Wortlaut des § 1 II PartGG einerseits und Erwägungsgrund 43 zur BQRL andererseits. Im Übrigen Bund Freier Berufe (BFB), Jahrbuch 2003/2004, S. 279; dazu *Mann,* EuZW 2004, 615 (616).

Kundenbeziehungen zu gewährleisten und fortzuentwickeln. Der Gemeinschaftsgesetzgeber orientiert sich hier an Begriffsmerkmalen, welche der EuGH Freien Berufen in der Entscheidung *Adam* zuerkannt hatte.[24] Jenseits des Art. 2 I BQRL scheinen die Termini „Freier Beruf" bzw. „freiberuflich" als Gemeinschaftsrechtsbegriffe vereinzelt in Rechtsvorschriften auf (sieben Richtlinien und Verordnungen zwischen 1980 und 2008).[25]

Das Europäische Parlament machte sich für eine Anknüpfung der BQRL an „Freie Berufe" stark, konnte sich gegenüber der Kommission nicht durchsetzen, die allein dem *„reglementierten Beruf"* (Art 3 I lit. a BQRL, Art 4 Nr. 11 DLRL) Raum gewähren wollte.[26] Dieser Terminus bezeichnet „eine berufliche Tätigkeit oder eine Gruppe beruflicher Tätigkeiten, bei der die Aufnahme oder Ausübung oder eine der Arten der Ausübung direkt oder indirekt durch Rechts- und Verwaltungsvorschriften an den Besitz bestimmter Berufsqualifikationen gebunden ist". Mit dem Freien Beruf (im deutschen wie europäischen Sinne) deckt er sich trotz mancher Überschneidungen nicht: Einige als „frei" bezeichnete Berufe unterliegen weder berufsspezifischer Reglementierung, noch ist überhaupt die Berufsbezeichnung gesetzlich geregelt (z.B. Coach, Anlage- oder Finanzberater, Künstler). Umgekehrt sind zahlreiche Dienstleistungsberufe (insbes. Handwerksberufe) reglementiert, ohne Freie Berufe zu sein.[27] Das Konzept des reglementierten Berufs ist im Verhältnis zum *europarechtlichen* Konzept des Freien Berufs sowohl weiter als auch enger. Kongruenz zwischen beiden erwächst über die Beschränkung sowohl der BQRL als auch der DLRL auf die selbständige Berufsausübung. Neben die europarechtliche Differenzierung zwischen reglementierten und nicht reglementierten Freien Berufen tritt die mitgliedstaatliche zwischen verkammerten Freien Berufen (z.B. Ärzte, Rechtsanwälte, Apotheker), deren berufsspezifische Regulierung jedenfalls partiell berufsständischen Selbstverwaltungsorganen überantwortet ist, und nicht verkammerten Berufen, die dann in aller Regel auch nicht reglementiert sind.

---

[24] EuGH, Rs. C-267/99, *Adam*, Slg. 2001, I-7467, Rn. 39.

[25] VO (EG) Nr. 593/2008 v. 17. 6. 2008, ABl. Nr. L 177 v. 4. 7. 2008, S. 6ff., Art. 7 III lit. e; *VO* (EG) Nr. 8/2008 v. 11. 12. 2007, ABl. Nr. L 10 v. 12. 1. 2008, S. 1ff., Anh. III, Abschn. N; VO (EG) Nr. 1899/2006 v. 12. 12. 2006, ABl. Nr. L 377 v. 27. 12. 2006, S. 1ff., Anh. III, Abschn. N; RL 85/433/EWG v. 16. 9. 1985, ABl. Nr. L 253 v. 24. 9. 1985, S. 37ff. (letzter EGr.); ebenso RL 85/384/EWG v. 10. 6. 1985, ABl. Nr. L 223 v. 21. 8. 1985, S. 15ff. (vorletzter EGr.); RL 80/155/EWG v. 21. 1. 1980, ABl. Nr. L 33 v. 11. 2. 1980, S. 8ff.; (EGr. 3); RL 80/154/EWG v. 21. 1. 1980, ABl. Nr. L 33 vom 11. 2. 1980, S. 1ff. (EGr. 11).

[26] *Mann*, EuZW 2004, 615 (616); *Kluth/Rieger*, EuZW 2005, 486 (487).

[27] Vgl. Erwägungsgrund 43. Im Übrigen betrifft die DLRL anders als die BQRL auch juristische Personen (EGr. 36).

3. Regelungserhebliche Berufsgruppenmerkmale

Weder im deutschen noch im europäischen Recht haben Freie Berufe bzw. freiberufliche Tätigkeiten derzeit hinreichend scharfe Konturen, um zum Bezugspunkt eines umfänglichen und stimmigen Regulierungskonzepts erhoben werden zu können, das seinerseits wieder auf das Berufsgruppenbild einwirkt. Die Chancen für ein solches Konzept hängen davon ab, ob Freiberuflichkeit künftig noch nach validen Merkmalen sinnvoll abgegrenzt werden kann, wobei entscheidend nicht so sehr die normative Bestimmtheit als vielmehr die konzeptionelle Stimmigkeit dieser Merkmale ist. Seine Erforderlichkeit und Ausgestaltung richten sich danach, welche Eigenschaften aus welchem Grunde regulativ festgezurrt werden müssen. Je nachdem, wie der Kernbestand der Spezifika der Gruppe Freier Berufe beschaffen ist, kann er mittelfristig zur Überwindung des typisierend-enumerativen Ansatzes[28] durch Entwicklung subsumtionsgerechter Merkmale beitragen. Mitgliedstaatliche und europarechtliche Konzeptionen sollten dabei möglichst zur Deckung gebracht werden.

(1) Inwieweit Freiberuflichkeit mit einer *qualifizierten Ausbildung* bzw. Qualifikation einhergeht oder verbunden sein sollte, ist unklar. Das Gewerberecht verlangt eine solche meist nicht, sondern lässt es beim Erfordernis der „Zuverlässigkeit" bewenden. Im deutschen Recht wird z.T. alternativ zur Qualifikation auf „schöpferische Begabung" abgehoben (die als normativer Anknüpfungspunkt offenkundig unbrauchbar ist). Wenig Erkenntniswert besitzt auch das Attribut „geistig-ideell",[29] das sich manchen für freiberuflich geltenden Tätigkeiten (z.B. Hebammen[30] oder Lotsen[31]) nur schwer zuordnen lässt. Das Europarecht fordert – vorsichtiger und die BQRL dabei im Auge behaltend – eine „einschlägige Berufsqualifikation", die bei künstlerischen Berufen auch durch schöpferische Begabung beigebracht werden könnte. Ob Letztere in einem Gesamtkonzept Platz fände, ist zweifelhaft,[32] weil insoweit eine berufsspezifische Regulierung weder erforderlich noch im Lichte des speziellen Art. 5 III GG ohne weiteres statthaft erscheint.[33] Die „qualifizierte Ausbil-

---

[28] Vgl. *Sodan* (o. Fn. 4), S. 66ff.; grundlegend *Taupitz* (o. Fn. 3), S. 23ff.

[29] Vgl. die Berufsdefinition des Berufsverbands der freien Berufe von 1995, abgedruckt in: BRAK-Mitt. 1995, 157.

[30] Vgl. § 1 II 2 PartGG.

[31] Vgl. § 21 I SeeLG; näher *Heinrich/Steinicke,* Regelwerk zum Seelotsenwesen, 2. Aufl. 2005, § 21 Erl. II Abs. 1.

[32] Krit. auch *Hirte,* Berufshaftung, 1996, S. 348.

[33] Keine Inhaltskontrolle bei Kunst: BVerfGE 75, 369 (377); 81, 278 (291); *Wendt,* in: von Münch/Kunig, GG, 5. Aufl. 2000, Art. 5 Rn. 91; *Bethge,* in: Sachs, GG, 5. Aufl. 2009, Art. 5 Rn. 187.

dung" indes ist geeignet, zu einem sich selbst generierenden Berufsgruppenmerkmal in der Weise zu erstarken, dass der Gesetzgeber bei bislang unregulierten Freien Berufen einem vermeintlich berufsgruppentypischen Selbstverständnis durch Reglementierung Rechnung trägt. Dabei kann, wie zu zeigen sein wird (infra B III 2), die Wechselwirkung von Europarecht und nationalem Recht Regelungsdruck erzeugen. Tätigkeitsvorbehalte (wie z.B. die Notwendigkeit einer Approbation für die Betätigung als Arzt oder Apotheker) sind nur Abbild der Notwendigkeit einer besonderen Qualifikation. Weder handelt es sich dabei in der Regel um veritable Monopole,[34] noch sind solche Vorgaben auf Freie Berufe beschränkt. Sie finden sich überall, wo die Gesellschaft gegenüber Handlungen beruflich Unqualifizierter zu schützen ist; dementsprechend darf nur ein ausgebildeter Pilot Verkehrsflugzeuge steuern und bedarf es für die Betätigung im Bewachungsgewerbe einer Sachkundeprüfung (§ 34a I GewO).

(2) Ob *wirtschaftliche Selbständigkeit* ein Merkmal Freier Berufe darstellt, beantworten bereits deutsche Rechtsvorschriften unterschiedlich. Das Europarecht setzt dies, wie gezeigt, schon im Anwendungsbereich der einschlägigen Sekundärrechtsbestimmungen voraus. Über normativen Wert und Zeitmäßigkeit des Archetypus ökonomisch eigenverantwortlicher Freiberufler sagt dieser Befund wenig aus. Die Feststellung des BVerfG, Freie Berufe wiesen „unternehmerische Züge" auf,[35] liegt 50 Jahre zurück und hat damit nur mehr die Bedeutung eines historischen Dokuments. Mittlerweile ist der Anteil unselbständiger Berufsträger deutlich (auf mehr als 50% bei den meisten Berufen) gestiegen.[36] Hinzu kommt die Tendenz zur kollektiven und kooperativ-sozietären Berufsausübung, mit welcher auch eine verstärkte Differenzierung zwischen selbständigen und unselbständigen Berufsträgern einhergeht. Der Vorschlag, die statistische Relevanz der unselbständigen Berufsausübung als Bemessungsgröße für die Qualifikation eines Berufs als „frei" heranzuziehen,[37] gestattet wegen der Volatilität erstens der Kennzahlen und

---

[34] Vgl. nur *Zuck*, NJW 2001, 2055 (2056f.).

[35] BVerfGE 10, 354 (369); unterstützend *Sodan* (o. Fn. 4), S. 84; *Tettinger*, NJW 1987, 294 (295).

[36] Stand 11/2009 (Berufsanfänger sind nicht berücksichtigt): Ärzte 319679 (davon selbständig: 125754); Apotheker 48030 (davon selbständig: 19763); Rechtsanwälte 150375 (davon selbständig: ca. 108000 [Stand 1. 1. 2009]); Architekten und Stadtplaner: 110403 (davon selbständig: 54574). Quelle: (tel.) Auskunft des Instituts für Freie Berufe [IFB], Nürnberg, vom 7. 12. 2009, sowie Übersicht „Zahlenmäßige Struktur der Selbstständigen in Freien Berufen", Stand 1. 1. 2009 (www.ifb.uni-erlangen.de). Weitere umfängliche Nachw. bei *Hommerich*, Die Freien Berufe und das Vertrauen der Gesellschaft, 2009, S. 104ff.

[37] *Deneke*, Die freien Berufe, 1956, S. 115; *Sodan* (o. Fn. 4), S. 85.

zweitens des Berufsumfeldes als solchen (in dem mitunter fliegende Wechsel zwischen selbständigen und unselbständigen Berufsausübungsvarianten erfolgen) keine verlässliche Zuordnung.

(3) Fachliche *Unabhängigkeit* erheben das deutsche wie das europäischen Recht zum zentralen Attribut der Träger Freier Berufe, obschon nicht alle beruflichen Ordnungen sie explizit verheißen. Sie wirkt gegenüber dem Auftraggeber, welcher der fachlichen Souveränität des Leistungserbringers vertraut,[38] und – bei abhängiger arbeitsrechtlicher Stellung – auch gegenüber dem Arbeitgeber (Weisungsfreiheit in Fachfragen).[39] Der wirtschaftlich unselbständige, nicht auf eigene Rechnung tätige Freiberufler hebt sich somit statusrechtlich von dem des herkömmlichen Arbeitnehmers ab. Diese übergreifende Unabhängigkeitsverbürgung relativiert die praktische Bedeutung des ökonomischen Status.

(4) *Persönlicher Einsatz* bei der Dienstleistungserbringung wird häufig als weiteres typisches Merkmal freiberuflicher (im Gegensatz zu gewerblichen) Tätigkeiten genannt.[40] Dem pflichten die Definitionen im deutschen und europäischen Recht bei. Zur Abgrenzung Freier von anderen Berufen taugt das Merkmal, das nicht zuletzt auf die persönliche Qualifikation abstellt, gleichwohl wenig. Wo überdies mit Wirtschaftsprüfungs- oder Rechtsanwaltsgesellschaften kontrahiert wird, kann dieser Vertragspartner schlechterdings nicht „persönlich" aktiv werden.[41] Eine persönliche Komponente weist die Leistung hier nur insoweit auf, als sie grundsätzlich nicht automatisierbar ist und der Vertragspartner nur vermittelt durch seine (fachlich unabhängig bleibenden) Mitarbeiter handlungsfähig wird.[42]

(5) Weder das deutsche noch das Europarecht nehmen auf ihn Bezug; dennoch wird im juristischen Schrifttum und auch in Gerichtsentscheidungen oftmals der *Altruismus* der Freiberufler gewürdigt, deren Handlungen gar nicht[43] oder doch nicht hauptsächlich[44] auf Gewinnerzielung gerichtet seien. Um diese These einer Nagelprobe

---

[38] *Hommerich* (o. Fn. 36), S. 97f.

[39] Vgl. etwa § 1 II PartGG; so auch das BVerfG, NVwZ 2008, 1102 (1106).

[40] *Kahl,* in: Landmann/Rohmer, GewO (Stand 54. EL 2009), 26. EL, Einf., Rn. 65; *Mann,* NJW 2008, 121 (123).

[41] Vgl. BayObLG, NJW 1995, 199; grundlegend *Henssler,* JZ 1992, 697 (704).

[42] Vgl. auch infra C VI zu den Implikationen der Frage nach höchstpersönlicher Leistungserbringung beim Insolvenzverwalter.

[43] Vgl. BGHZ 48, 313 (324); OLG Koblenz, NJW 1997, 1932 (1933) – (Zahn)Ärzte.

[44] Z.B. BGHZ 115, 105 (109) – Rechtsanwälte; BVerfGE 17, 232 (239) – Apotheker; ferner *Pitschas,* Recht der Freien Berufe, in: Schmidt (Hrsg.), Öffentliches Wirtschaftsrecht, BT 2, 1996, S. 1 (25); zust. *Kluth/Goltz/Kujath,* Die Zukunft der freien Berufe in der Europäischen Union, 2005, S. 22; *Mann,* NJW 2008, 121 (124); abl. *Busse,* Deutsche Anwälte, 2010, S. 644 m.w.N. („weltfremd und realitätsfremd"). Gegen ein simplizistisches Bild auch *Hommerich* (o. Fn. 36), S. 43f. m.w.N.

unterwerfen zu können, muss sie von historischem Ballast, insbesondere einem zementierten Klassenverständnis, bereinigt werden. Denn was hier durchscheint, ist das Bild des Freiberuflers als einer Person, die kraft Geburt und Herkunft nicht auf Geldverdienen angewiesen ist, ein mitunter allerdings auch von dem durchaus eigennützigen (Vermögens-)Interesse, mit der Berufung auf „quasi unentgeltliche" Betätigung Privilegien bei der Berufshaftung zu erkaufen, durchwirktes Bild.[45] „[T]he belief that lawyers are somehow ‚above' trade has become", wie der U.S. Supreme Court schon 1977 befand, „an anachronism".[46] Heute schützt Art. 12 I GG (ungeachtet seiner vordergründigen Nobilitierung durch das BVerfG, welches das Grundrecht als Konkretisierung der Persönlichkeitsentfaltung im Bereich der individuellen Leistung und Existenzerhaltung einordnet)[47] auch das Streben nach Gewinnerzielung,[48] wovon die Freien Berufe auf Schutzbereichsebene durchaus nicht ausgenommen sind. Die verfassungsrechtlich fundierte Notwendigkeit zu verhindern, dass der Freiberufler Gewinnorientierung über alle anderen Interessen – der Allgemeinheit, der Kunden und der Berufsgenossen – stellt, steht außer Frage.[49] Doch ist die Zügelung des Gewinnstrebens erst Folge des regulativen Grundrechtseingriffs, um jenen Gefahren zu wehren, wie sie aus einseitiger Gewinnorientierung fließen. (Dies wäre auch dann der Fall, wenn man Profitindifferenz zum Berufsbild jedes Freien Berufs zählen wollte, weil auch der „atypische", dem Bild nicht entsprechende, Beruf – der „aus der Art geschlagene Freiberufler", wenn man so will – dem Schutz des Art. 12 I GG unterliegt.) Und selbst als Folge staatlicher Ingerenz ist „Altruismus" kein belastbares Abgrenzungsmerkmal der Freien im Verhältnis zu den gewerblichen Berufen, denen die Tendenz zur Gewinnmaximierung wesenseigen sein soll.[50] So ist z.B. Preisregulierung qua Gebührenordnungen, mit welchen u.a. Erschwinglichkeit freiberuflicher Leistungen sichergestellt werden soll (Näheres infra C IV 3b), keineswegs ein Reservat Freier Berufe,[51] wie die Regulie-

---

[45] Vgl. dazu ausführlich *Hirte* (o. Fn. 32), S. 148ff.

[46] *Bates v. State Bar of Arizona*, 433 U.S. 350 (1977), S. 371f. Zur Rezeption in England *F. Rawert*, Die Zweiteilung der englischen Anwaltschaft, 1994, S. 155.

[47] BVerfGE 54, 301 (313); 101, 331 (347).

[48] So jedenfalls sinngemäß BVerfGE 105, 252 (265) (Sportwetten); indirekt auch (bezogen auf berufliche Werbung) z.B.; *Bethge*, WiVerw 2008, 77 (80); *Bomba*, Verfassungsmäßigkeit berufs- und standesrechtlicher Werbebeschränkungen für Angehörige freier Berufe, 2006, S. 274f.

[49] Vgl. nur BVerfG (K), NJW 2000, 3195 (3196); BVerfG (K), NJW 2001, 2788 (2789).

[50] *Scholz*, in: Maunz/Dürig, 47. EL 2006, Art. 12 Rn. 268; diff. *Taupitz* (o. Fn. 3), S. 61ff.

[51] Insofern zweifelhaft: *Kluth/Goltz/Kujath* 2005 (o. Fn. 44), S. 22.

rung der Tarife für (gewerblicher) „Daseinsvorsorge"-Dienstleistungen belegt.[52] Auch ist das Profitinteresse gewerblicher Akteure in vielfältiger Hinsicht zugunsten von Allgemeinbelangen (wie Verbraucher- und Umweltschutz, Produktsicherheit etc.) gedämpft. Wenn die Schranken gegenüber Freiberuflern gleichwohl meist enger gezogen werden, so nicht um der Würde des Berufsstandes willen, sondern weil der Konnex zwischen dem fachlichem Erkenntnisvorsprung und dem Gefahrenpotenzial der Dienstleistung (das zugleich ein Gradmesser für das Gemeininteresse an ihrer ordnungsgemäßen Erbringung darstellt) strenge Regelungen erfordert.

(6) Als weiteres Spezifikum Freier Berufe wird das *besondere Vertrauensverhältnis* zum Dienstleistungsempfänger genannt.[53] Es gründet weniger in empirisch-sozialethischer Vertrauenswürdigkeit (s. aber infra D, Einl.) als in einer Verbindung marktimmanenter (weil aus Informationsasymmetrie zwischen Erbringer und Empfänger geborener) Vertrauensnotwendigkeit mit einem aus der Nähe mancher der erbrachten Dienstleistungen zur Privatsphäre und existenziellen Individualgütern geborenen verfassungsrechtlichen Schutzbedarf. Verschwiegenheitspflichten, gesetzliche Zeugnisverweigerungsrechte und Beschlagnahmefreiheit[54] werden Berufsvertretern daher nur im Wege eines – funktionsbezogenen – Rechtsreflexes zuteil.[55] „Informationsasymmetrien" über die Notwendigkeit, den Wert und die Qualität einer Dienstleistung, die aus Qualifikationsasymmetrien zwischen den Vertragsparteien resultieren[56] und „Wirkungsasymmetrien" generieren,[57] treten keineswegs nur, aber doch besonders verbreitet bei Freien Berufen auf.[58] Die Notwendigkeit, das alternativlose Vertrauen regulativ abzusichern, ist letztlich ein Petitum des Verbraucherschutzes.[59] Hierauf gehen Anforderungen an die Qualifikation und gesetzlich vorgegebene Qualitätsstandards, Vorgaben zur Leistungstranspa-

---

[52] Vgl. infra 2 a (d).

[53] So jüngst BVerfGE 120, 1 (35); anstelle vieler im Übrigen BFB (o. Fn. 11), S. 23; diff. *Hommerich* (o. Fn. 36), S. 69 ff., 77.

[54] Vgl. § 203 StGB; § 53 I Nr. 3 StPO sowie § 383 I Nr. 6 ZPO; § 53 I Nr. 3 StPO i. V. m. § 97 I, II StPO.

[55] BGHSt 9, 59 (61); *Gercke,* in: Julius et al. (Hrsg.), StPO, 4. Aufl. 2009, § 53 Rn. 1; *Senge,* in: Karlsruher Komm. StPO, 6. Aufl. 2008, § 53 Rn. 1.

[56] Mitteilung der Kommission vom 9. 2. 2004, Bericht über den Wettbewerb bei freiberuflichen Dienstleistungen, KOM(2004) 83 endg., Nr. 25; Follow-up zum Bericht vom 9. 2. 2004, 5. 9. 2006, KOM(2005) 405 endg.; Sechzehntes Hauptgutachten der Monopolkommission 2004/2005, BT-Drs. 16/2460, Nr. 916 ff.; BT-Drs. 16/2460; *Taupitz* (o. Fn. 3), S. 54 ff.

[57] *Hommerich* (o. Fn. 36), S. 80.

[58] Vgl. KOM(2005) 405 endg., Nr. 10: „gerade freiberufliche Dienstleistungen verlangen ein hohes Maß an Fachwissen".

[59] *Stumpf,* in: Dauses, Handbuch des EU-Wirtschaftsrechts, 24. EL 2009, E II Rn. 8.

renz, Maßnahmen zum Schutz vor Übervorteilung (Preis-Leistungs-Verhältnis) und vor Schlechtleistung wegen Profitstrebens zurück. Preisregulierungen und Werberestriktionen zeigen sich vor diesem Hintergrund besonders ambivalent. Sie dienen dem Verbraucherschutz, können den „veil of ignorance“,[60] der Freiberufler und Dienstleistungsempfänger trennt, aber durchaus noch verdichten. Gebühren- bzw. Kostenrahmen reflektieren eine als Standard vermutete Qualität (auf die man „vertrauen darf“), können wegen des tendenziell qualitätsunabhängig geschuldeten Entgelts, manifeste Kunstfehler ausgenommen, echten Qualitätswettbewerb aber auch blockieren.[61] Solche Ambiguität verbietet es, Werberestriktionen und Gebührenordnungen als unverbrüchliche Merkmale Freier Berufe aufzufassen.

(7) Berufsständische Selbstverwaltung durch *Kammern*, gepaart mit Pflichtmitgliedschaft und oft mit spezieller Berufsgerichtsbarkeit ist, wie die Existenz von Handwerker- und Arbeiterkammern belegt, kein Reservat Freier Berufe. Die Verkammerung im 19. Jahrhundert markierte deren Emanzipation vom Staat und begrenzte sie zugleich durch Übertragung berufsständischer Selbstverwaltung auf eine Körperschaft des Öffentlichen Rechts.[62] Kammern sind insoweit Projektionsflächen vorgenannter Besonderheiten im Kernbereich Freier Berufe und institutioneller Bestandteil ihres Regulierungsrahmens. Sie grenzen die Freiberufler vom Staat ab und überbrücken zugleich diese Trennung, gewährleisten Unabhängigkeit, aber auch – in Verbindung mit der Pflichtmitgliedschaft – den zur Gemeinwohlsicherung erforderlichen disziplinarischen Rahmen. Sie sind in der Lage, aufgrund der Fachnähe ggf. Qualitätsstandards festzulegen, wo weder der Staat noch die Auftraggeber über den erforderlichen Erkenntnishorizont verfügen. Ferner transponieren sie berufsständisches Selbstverständnis und Ethos und leisten so, wenn auch mit eher beharrender Tendenz,[63] einen Beitrag zur merkmalorientierten Profilierung Freier Berufe.

(8) Die Europäische Kommission hebt schließlich auf ein Merkmal ab, das auch in den vorstehend erörterten Eigenschaften, vor allem in der Unabhängigkeit, teilweise anklingt, aber darüber hinausweist: die besondere gesellschaftliche *Bedeutung* freiberuflicher Dienstleistungen, sowohl in ihrer Funktion als „öffentliches Gut“ als auch kraft der Ausstrahlungswirkung auf Dritte („externe Effekte“), auch im Lichte des Risikos fehlerhafter Leistungserbringung.[64] Der Ge-

---

[60] *Rawls,* A Theory of Justice, Revised Edition, 1999, S. 118ff.

[61] Vgl. Monopolkommission (o. Fn. 56), Nr. 909, 912ff., 930ff.

[62] Näher *Hendler,* in: Kluth, Hdb Kammerrecht, 2005, A, Rn. 13; *Taupitz* (o. Fn. 3), S. 123f.; *Tettinger,* Kammerrecht, 1997, S. 57f.

[63] Krit. BVerfGE 76, 171 (187f.).

[64] Vgl. KOM(2005) 405 endg. v. 5. 9. 2005, Nr. 10f.

meinnutzen der Dienstleistung ist, wie schon erwähnt, Kehrseite der gemeinen Gefahr, die ihr innewohnen kann. Zwar trifft dies nicht auf alle Arten freiberuflicher Dienstleistungen zu, wohl aber auf ihren tradierten „Kernbereich" (rechts-, steuer- und wirtschaftsberatende Berufe, Architekten und Ingenieure, medizinische Heilberufe).

(9) Die traditionell intensive rechtliche Umhegung oder *Regulierung* vieler Freier Berufe[65] (dazu infra II) schließlich kann allenfalls als derivatives Berufsgruppenmerkmal aufgefasst werden, da sie nur an die vorgenannten Eigenheiten anknüpft, wiewohl sie überformend, induktiv prägend und letztlich „neuordnend" auf das jeweilige Berufsbild und das der Berufsgruppe einwirkt.

4. Grenzfälle zwischen Freiberuflichkeit und Amtsträgerschaft

Nicht nur die Grenze zwischen Freien Berufen und Gewerbe ist (für bestimmte Berufe und bestimmte Ausübungsformen)[66] unscharf gezogen, sondern auch zwischen Staat und Freien Berufen. Mit der Qualifikation als „öffentliche Aufgaben" ist für diese Grenzziehung nichts gewonnen: Dieser Terminus steht für Aufgaben oder Funktionen, deren Erfüllung „in irgendeiner Form im öffentlichen Interesse liegt", und damit jedenfalls im Allgemeinen nicht synonym für „staatliche Aufgaben".[67] Aufgabe des Staates ist vielmehr, namentlich kraft grundrechtlicher Schutzpflichten, die Bereitstellung gemeinwichtiger Dienstleistungen, auch wo sie privatwirtschaftlich erfolgt, zu gewährleisten.[68] Die Dienstleistung selbst bleibt in jedem Fall Grundrechtsausübung.[69] Ungeachtet dessen weisen einzelne Dienstleistungsberufe eine besondere Staatsnähe auf; sei es kraft Einbindung in hoheitliche Allokationsmechanismen (Ärzte, Zahnärzte), oder weil sich Residuen der Staatsverbundenheit erhalten haben (Notare, staatlich geprüfte Vermessungsingenieure).[70] *Triepel* hatte

---

[65] *Stober,* NJW 1981, 1529; *Groepper,* GewArch 2000, 366 (366f.).

[66] Vgl. zum selbständigen Apotheker nur BVerfGE 17, 232 (239); zum frei praktizierenden Arzt im Gegensatz zum angestellten Chefarzt BVerfGE 16, 286 (294f.).

[67] *Uerpmann,* Das öffentliche Interesse, 1999, S. 33f.; *Sodan* (o. Fn. 4), S. 110ff. m.w.N.

[68] Vgl. statt vieler *Gallwas,* VVDStRL 29 (1971), 211 (226ff.); *Gusy,* DÖV 1996, 573 (583); *Eifert,* Grundversorgung mit Telekommunikationsleistungen im Gewährleistungsstaat, 1998, S. 139ff.; *Kämmerer,* Privatisierung, 2001, 476ff.; *Voßkuhle,* VVDStRL 62 (2003), 266 (307ff.).

[69] *Wieland,* in: Dreier, 2. Aufl. 2004, Rn. 80; a.A. *Bachof,* in: Bettermann/Nipperdey/Scheuner (Hrsg.), Die Grundrechte, Bad. III/1, 1958, S. 155 (201).

[70] Hierzu BVerfGE 73, 301 (316); *Keddo,* Der öffentlich bestellte Vermessungsingenieur, 2008, S. 134ff.

1911 den Terminus des „Halbbeamten“[71] für Anwälte oder Ärzte geprägt. Insbesondere für Notare[72] hat die Frage nach der Identität an Aktualität nicht verloren.

a) Vertrags(zahn)ärzte

Bereits im Vorfeld der Gesundheitsreform 2007 wurden Zweifel laut, ob niedergelassene Ärzte oder Zahnärzte, sofern sie als (ehemals: Kassenarzt) agieren, noch freiberuflich tätig seien oder nicht vielmehr aufgrund der Vorgaben, denen sie kraft Einbindung in das öffentliche Gesundheitssystem unterworfen sind, einen (teilweise) „staatlich gebundenen“ Beruf ausübten.[73] Nach der Einführung vertragsärztlicher Gesundheitsbudgets, die zwischen Kassen und kassenärztlichen Vereinigungen vereinbart wurden, durch das Gesundheitsstrukturgesetz von 1992 sahen Teile des Schrifttums Vertragsärzte kraft der wirtschaftlich-organisatorischen Einschränkungen in „Kassenbeamte“ oder „Dreiviertelbeamte“ verwandelt.[74] Das Arzneimittelbudget-Ablösungsgesetz von 2001 allerdings ersetzte die starren Budgets durch ein System von Zielvereinbarungen (§ 84 SGB V).[75] Die freie Arztwahl (Vertrags- und Dienstleistungsfreiheit der Patienten) wird durch das GKV-Modernisierungsgesetz aus dem Jahr 2003 zwar eingeschränkt, mit Blick auf das Hausarztmodell, das nur Gegenstand einer Option des Patienten ist, allerdings recht moderat.[76] Formal lässt dieses Korsett die wirtschaftliche Unabhängigkeit und Vertragsfreiheit der Mediziner unberührt, da nicht die Ausübung des Berufs – des „Arztes“, nicht etwa: „Vertragsarztes“[77] –, sondern nur die Teilhabe an einem Erstattungssystem betroffen ist. Die Diskrepanz von Kostenrisiko und durchschnittlicher Leistungsfähigkeit der Patienten steht allerdings meist der Verweisung auf eine bilaterale vertragliche Vereinbarung im Wege; der Vertragsarzt ist auf Zuweisungen der gesetzlichen Kassen wirtschaftlich angewiesen. Bei aller finanziellen Abhängigkeit von diesen sichert das System zugleich die wirtschaftliche Existenz der Ärzte, indem es die Deckung

---

[71] *Triepel,* Staatsdienst und staatlich gebundener Beruf, 1911, S. 68f.

[72] *Triepel* (o. Fn. 71), S. 83, rechnete sie noch den Vollbeamten zu; krit. u.a. *Weiß,* NZS 2005, 67 (71).

[73] BT-Drs. 12/3608, 98: Überlagerung freiberuflicher Elemente durch Elemente eines staatlich gebundenen Berufs.

[74] *Pitschas,* FS Sozialgerichtsbarkeit Rheinland-Pfalz, 1994, S. 217 (227); *Bogs,* FS Thieme, 1993, S. 715 (718f); vgl. *Sodan* (o. Fn. 4), S. 194 m.w.N.

[75] Vgl. hierzu *Sproll,* in: Krauskopf, Soziale Krankenversicherung, Pflegeversicherung, Stand: 65. EL (2009), § 84 SGB V, Rn. 6ff.

[76] Vgl. *von Schwanenflügel,* NZS 2006, 285 (286).

[77] BVerfGE 11, 30 (41); 12, 144 (147); *Heberer,* Steuerungsmöglichkeiten bei der Zulassung einer Kassenpraxis, 1984, S. 19ff.; *Muschalik,* MedR 1995, 6 (6f.).

der Behandlungskosten vorhersehbar macht. Insofern, und weil die Ärzte institutionell selbständig bleiben, üben sie noch einen Freien, wenn auch besonders stark regulierten Beruf aus.[78] Eine besondere „Indienstnahme" für die öffentlich-rechtlichen Kassen, kraft welcher die Mediziner in die Nähe eines Beamten gerückt werden, ist nicht erkennbar.

b) Notare

Der lateinische Notar ist aus rechtlicher Sicht eine Janusfigur. Obschon wirtschaftlich selbständig, ist er per se Träger eines „öffentlichen Amtes" (§ 1 BNotO), in das er durch Verwaltungsakt (staatliche Ernennung mit Beleihungswirkung) berufen wird,[79] und zu Handlungen ermächtigt, die aus deutscher Sicht hoheitlichen Charakter aufweisen (dazu infra C V). Die freie Niederlassung ist durch die Zuweisung einer Notarstelle ersetzt, die Berufswahl reduziert sich auf den Zugang zum Vorbereitungsdienst.[80] Der Gesetzgeber scheint sich in der Zuordnung der Notare unschlüssig zu sein. Anders als § 1 II PartGG führt sie § 18 I Nr. 1 S. 2 EStG (wofür ihre wirtschaftliche Selbständigkeit spricht) als Freiberufler auf; zugleich agieren Notare als Träger eines öffentlichen Amtes.[81] Der Notarberuf wird gern etwas unbeholfen als „staatlich gebundener" qualifiziert, welcher der Wahrnehmung „originärer" Staatsaufgaben dient – Aufgaben also, die „nach der geltenden Rechtsordnung hoheitlich ausgestaltet sein müssen".[82] Die letztgenannte Einschätzung wird weder begründet, noch wird deutlich, wie sie sich zur herrschenden und dogmatisch überzeugenden „Befugnistheorie" verhält, wonach Staatsaufgaben nur nach Maßgabe der Verfassung Bestand haben und jenseits eines eng zu ziehenden Kernbereichs veränderlich sind.[83]

Während das BVerfG in älteren Entscheidungen (und der BGH auch in jüngeren noch) festhielt, die Wirkung des Art. 12 I werde bei Notaren durch Sonderregelungen „in Anlehnung an Art. 33" zurückgedrängt,[84] hat es seit den achtziger Jahren die Geltung des

---

[78] So auch für Kassenärzte nach früherem Recht BVerfGE 11, 30 (40); 12, 144 (147); *Deneke* (o. Fn. 37), S. 125 f.

[79] Zur (insoweit impliziten) Beleihung i. d. S. *Sodan* (o. Fn. 4), S. 144; *Kämmerer,* NJW 2006, 2727 (2727) m. w. N.

[80] Vgl. BVerfGE 17, 371 (379 f.); 73, 280 (292 f.).

[81] § 1 BNotO; näher dazu etwa *Bracker,* in: Schippel/Bracker, BNotO, 2006, § 1 Rn. 15 a: kein „echter freier Beruf".

[82] Vgl. nur BVerfGE 17, 371 (376); 73, 280 (292, 294); 80, 257 (265); BGH, NJW 1995, 529 (531).

[83] Grundlegend *Vogel,* Öffentliche Wirtschaftseinheiten in privater Hand, 1959, S. 79 ff.; *Bull,* Die Staatsaufgaben nach dem Grundgesetz, 2. Aufl. 1977, S. 99 ff.

[84] I. d. S. noch BVerfGE 16, 6 (21 ff.); 7, 377 (398); 16, 6 (21 ff.); 73, 280 (292); BGH, NJW 1995, 529 (531 f.).

Art. 12 I GG uneingeschränkt bejaht.[85] Die staatlichen Bindungen – an deren Anlehnung an Art. 33 GG das Gericht festhält – sollen ihre Rechtfertigung erst aus den vom Notar wahrzunehmenden Funktionen erfahren, werden also erst auf der Eingriffsebene relevant.[86] Ganz konsistent ist dieser Ansatz trotzdem nicht: Sind Notare i. w. S. dem öffentlichen Dienst zuzurechnen, muss Art. 33 II–IV GG tatbestandlich neben Art. 12 I Anwendung finden; sind sie es nicht, darf Art. 33 GG nicht einmal auf Rechtfertigungsebene Berücksichtigung finden.[87] Allenfalls ließe sich feststellen, dass die besondere *Funktion* der Notare Beschränkungen der Berufsfreiheit erfordert, die am Vorbild des Beamten angelehnt sind und den Notar diesem damit funktional annähern. Da vergleichbare Einschränkungen auch bei Berufen wie dem des Rechtsanwalts oder Steuerberaters angeordnet werden, hebt sich die stärkere Staatsanbindung im Vergleich hierzu, verfassungsrechtlich gesehen, dann nur quantitativ ab: Auch der Notar übt, so betrachtet, im Kern einen Freien, aber in vielfacher Hinsicht durch staatliche Bindungen überwölbten Beruf aus.[88] Diese Einschätzung entspricht wohl auch der des EuGH.[89] Die Stellung des Notars als „Träger eines öffentlichen Amtes“ kann die Einschränkungen der Berufsfreiheit jedenfalls nicht präjudizieren, sondern lediglich symbolisieren; ein über die konkreten gesetzlichen Vorgaben hinausreichender Aussagewert kommt der Qualifikation nicht zu.

II. Regulierung und Deregulierung freiberuflicher Tätigkeiten

Traditionell sind viele Freie Berufe durch Gesetz und Selbstverwaltungsnormen gesetzlich stärker reglementiert als gewerbliche Tätigkeiten.[90] Den Schlüssel zu diesem Paradoxon liefert die Historie: Bis weit ins 19. Jahrhundert hinein war die Anbindung an staatliche Herrschaftsstrukturen (qua Zulassung, Gebietszwang, Dienstaufsicht und teils auch staatliche Besoldung) durchaus üblich.[91] So

---

[85] BVerfGE 110, 304 (320 f.); DNotZ 2003, 65, 66 f.; zust. *Kleine-Cosack,* DNotZ 2004, 327 ff.; *Kämmerer,* NJW 2006, 2727 (2729).

[86] BVerfGE 73, 280 (292 ff.).

[87] Krit. auch *Sodan* (o. Fn. 4), S. 142 f.

[88] *Hergeth,* Europäisches Notariat und Niederlassungsfreiheit nach dem EG-Vertrag, 1996, S. 91; *Kleine-Cosack,* DNotZ 2004, 327 (329); *Jaeger,* ZNotP 2003, 402 (404); vermittelnd *Ronellenfitsch,* DNotZ 1990, 75 (77); *Löwer,* MittRhNotK 1998, 310 ff.; a. A. BVerfGE 47, 285 (320); *Limmer,* DNotZ 2004, 334 (335).

[89] EuGH, Rs. 235/85, *Kommission/Niederlande,* Slg. 1987, 1471, Rn. 11, 14.

[90] Vgl. nur *Groepper,* GewArch 2000, 366 (366 f.).

[91] *Sodan* (o. Fn. 4), S. 19 ff.; *Taupitz* (o. Fn. 3), S. 113 ff.

betrachtet handelt es sich um Berufe, die „aus staatlichem *mancipium* befreit“, nicht aber von staatlicher Ingerenz frei sind. Die Befreiung wurde damit erkauft, dass sich die nunmehr Freien Berufe einer strengen und im Kern eigenverantwortlichen Aufsicht unterwarfen.[92] Ob und inwieweit die Ratio der intensiven Verrechtlichung freiberuflichen Handelns weiter Geltung hat, bestimmt sich nach den verfassungs- und europarechtlich determinierten Zielen seiner Regulierung.

1. Terminologische und rechtsdogmatische Grundbemerkungen

Der Begriff „Regulierung“ steht als Gesetzesbegriff bei netzgebundenen Dienstleistungen für die vorübergehende, besonders intensive Inpflichtnahme marktstarker Akteure, die der *Herstellung* eines funktionsfähigen Marktes dienen, mit ihr aber auch ihre Vollendung finden soll („sunset regulation“).[93] Freiberufliche Dienstleistungsmärkte weisen zwar solche Finalität zwar nicht auf. Sie haben mit netzgebundenen Dienstleistungen aber gemein, dass die Leistung – wie Art. 87f I GG es ausdrückt: – flächendeckend angemessen und ausreichend erbracht werden soll, und zwar in Permanenz. Im weiteren, auch hier zugrunde gelegten Sinne steht Regulierung für den in Wahrnehmung staatlicher Handlungsgebote (Schutzpflichten, Gewährleistungsregeln) vorgenommenen gebotenen Ausgleich divergierender Rechtspositionen der an einem Markt partizipierenden Akteure. Sie stellt das Funktionieren des Marktes unter Einschluss seiner Allokationsfunktion erst her oder sichert diese ab und verschafft verfassungsrechtlich begründbaren Gemeinwohlzielen innerhalb der Marktprozesse Raum.[94] Mit der Kerngruppe der Freien Berufe ist Regulierung geradezu intrinsisch verbunden – weil ihre Träger wirtschaftlich grundsätzlich meist unabhängig sind, weil sie einen gesetzlich zu sichernden Beitrag für das Gemeinwohl erbringen, weil die Allgemeinheit an einer Grundversorgung mit solchen Leistungen Interesse hat, und weil Gefahren vorzubeugen ist, die auf unzureichenden oder mangelbehafteten Leistungen resultieren können. Dazu wiederum bedarf es einer hoch qualifizierten Ausbildung, die ihrerseits normativ ausgeformt sein

[92] Näher *Taupitz* (o. Fn. 3), S. 121 ff.

[93] Vgl. etwa *Möschel,* MMR 2008, 503 (504) m. w. N.

[94] Vgl. – bei nur kleinen Unterschieden im Detail – *Fehling,* in: Hill (Hrsg.), Die Zukunft des öffentlichen Sektors, 2006, S. 91 (97); *Ruffert,* in: Fehling/Ruffert (Hrsg.), Regulierungsrecht, 2010, § 7, insbes. Rn. 58; ferner *Kämmerer* (o. Fn. 68), S. 481 ff., jeweils m. w. N.

muss. Vor allem aber fehlt es an einem voll funktionsfähigen Qualifikationswettbewerb. Dabei handelt es sich angesichts des strukturell nicht ausgleichbaren Informationsgefälles um ein Marktversagen, also ein dem Markt wesenseigenes Hemmnis.[95]

Verfassungsrechtliche Gewährleistungspflichten können sich in Regulierungspflichten niederschlagen.[96] Das Fehlen solcher Vorschriften (bei bislang ungeregelten Freien Berufen) kann im Extremfall[97] das Verdikt des verfassungs- oder europarechtswidrigen Regulierungsausfalls begründen, wenn der Staat vor Gefahren (z.B. der Finanzberatung) untätig bleibt, wie auch umgekehrt dem Regelungsabbau (i.S.v. „De-Regulierung") Grenzen gesetzt sind. Der Terminus Deregulierung ist schillernd, unbestimmt und umstritten.[98] Dem völligen Verzicht auf gesetzliche Regelungen und Überführung in eine ausschließlich marktwirtschaftliche Ordnung stünde bereits dass Grundgesetz entgegen. Anders verhält es sich, wenn als Deregulierung als Abbau unnötig belastender normativer Marktinterventionen verstanden wird. Die mit Privatisierung verbundene Liberalisierung der Märkte für netzgebundene Dienstleistungen belegte die Notwendigkeit, die entstehenden Freiräume der Marktakteure normativ einzuhegen. Aufgrund der Vielzahl der Akteure und Rechtsverhältnisse sowie angesichts der fortschreitenden technischen und sozialen Entwicklungen fällt diese Einhegung erheblich komplexer und anspruchsvoller aus als der zuvor bestehende Normenkranz: De-Regulierung auf der Partizipationsebene war, so verstanden, mit Re-Regulierung des Marktverhaltens notwendigerweise verbunden.[99] Bei Freien Berufen, deren Träger privatwirtschaftlich agieren, muss der Spielraum für solche Deregulierung geringer ausfallen als bei vormals (staatlich) monopolisierten Aktivitäten. Die Leitvorschriften indes sind hier wie dort identisch: Art. 12 I GG – als Individualrecht, objektive Verfassungsentscheidung und Schutzpflicht –, Art. 3 I GG sowie die Grundfreiheiten, Wettbewerbsregeln und Grundrechte des europäischen Primärrechts. Die Herstellung des

---

[95] Vgl. nur *Fritsch/Wein/Ewers,* Marktversagen und Wirtschaftspolitik, 7. Aufl. 2007, S. 82ff., 90ff. Illustrativ *Martini,* Der Markt als Instrument hoheitlicher Verteilungslenkung, 2008, S. 21 m. Fn. 84 (asymmetrische Informationsverteilung beim Gebrauchtwagenkauf als Marktversagen nach dem Bsp. von *Akerlof,* Quarterly Journal of Economics 84 [1970], 488 [489ff.].)

[96] *Kämmerer* (o. Fn. 68), S. 449ff.; teilweise krit. *Lepsius,* in: Fehling/Ruffert (o. Fn. 94), § 4 Rn. 86ff., 100.

[97] Vgl. nur BVerfGE 88, 203 (251ff.); 96, 56 (64f.); angesichts dieser weiten Grenzen haben die verfassungsrechtlichen Schranken eher eine Warnfunktion.

[98] Überblick über die im Schrifttum nachweisbaren Begriffsdeutungen: *Kämmerer* (o. Fn. 68), S. 55.

[99] Grundlegend *Majone,* West European Politics 17 (1994), 77 (80); *Bauer,* VVDStRL 54 (1995), 243 (277ff.); *Kämmerer* (o. Fn. 68), S. 489ff.

„Pareto-Optimums“,[100] der idealen Balance zwischen Aktionsfreiheit und Versorgungsqualität, ist verfassungsrechtlich erstrebenswert, wenn auch im Lichte der Einschätzungsprärogative des Gesetzgebers nicht unter allen Umständen geboten.

2. Ansatzpunkte für Regulierung Freier Berufe

Die Ansatzpunkte für regulative Intervention in Freie Berufe (dazu auch supra I 3) ordnen sich in ihrem funktionalen Zusammenhang wie bunte Steinchen in einem Kaleidoskop an: Das schutzwürdige *Vertrauen* des Verbrauchers (Dienstleistungsempfängers) gründet auf der *Informationsasymmetrie* zwischen Laien und besonders qualifizierten Berufsvertretern. Die besondere, meist durch Ausbildung nachzuweisende *Qualifikation* spiegelt den Rang und die Sensibilität der tangierten Schutzgüter für das *Gemeinwohl* – Grundrechte und Grundfreiheiten in ihrer Funktion als objektive Ordnung („Volksgesundheit“, „Justizgewährleistung“) und subjektive Freiheitsrechte der Dienstleistungsempfänger. *Unabhängig* sind Freiberufler um dieser Rechtsgüter willen, aber auch, um die Schutzwürdigkeit des in sie gesetzten *Vertrauens* zu begründen. Verfassungsrechtlich kalibriert wird dieses Eigenschaftsbündel durch das zwischen der Berufsfreiheit und den umrissenen Gemeinwohlbelangen bestehende Kräftefeld. Das Diktum vom Grundrechtskonflikt allerdings will darauf nicht recht passen, da der *spezifische* Schutz freiberuflicher Tätigkeiten innerhalb der verfassungsrechtlichen Ordnung – wie überhaupt ihre Existenz – aus dem unverbrüchlichen Bezogensein auf die konkurrierenden Rechtsgüter resultiert.

Auch Gleichheitssätze (wie Art. 3 I GG) können als Leitlinien für Regulierungsgesetzgebung eine „Parallelschaltung“ der legislativen Grundlagen Freier Berufe gebieten, wenn ihre jeweiligen Eigenschaften „wesentlich gleich“ sind.[101] Darüber hinaus kann die Gleichheit vor dem Gesetz aber auch in dem Maße, wie Freie und gewerbliche Berufe Eigenschaften gemein haben, eine Gleichbehandlung erheischen – was zur Einebnung verbliebener Unterschiede zwischen beiden Kategorien beitragen kann. Als Menetekel kann die Entscheidung des BVerfG zur Verfassungsmäßigkeit der Gewerbesteuer dienen: Auch wenn das Gericht an der Unterschiedlichkeit beider Kategorien – noch – festhielt, fußte seine verfassungsrechtliche Billigung

---

100 Monopolkommission (o. Fn. 56), Nr. 898 ff.; *Martini* (o. Fn. 95), S. 190 ff. m. w. N.

101 Vgl. z. B. BVerfGE 9, 338 (351): Hebamme und Art freie Berufe, aber in Struktur „grundverschieden“. Vgl. auch *Sodan* (o. Fn. 4), S. 301 ff.

der unterschiedlichen Steuerregelungen doch nicht so sehr auf markanten Typusunterschieden, sondern vielmehr auf einer wirtschaftlichen Betrachtung im Lichte der Unternehmensgröße.[102]

a) Die Regulierungsmatrix

(1) Grundrechte

Träger Freier Berufe können sich auf die Berufsfreiheit, Art. 12 I GG, berufen. Ihr „Altruismus" ist, wie gezeigt (supra I 3 (5)), nicht verfassungsrechtlich vorgezeichnet, sondern gesetzlich implantiert. Wenn er solchermaßen mit dem Berufs(gruppen)bild verwächst, ändert dies nichts an dem Umstand, dass dessen normative Ausformung an Art. 12 I 2 GG zu messen ist.[103] Da sich das BVerfG im Laufe der letzten Jahrzehnte von „Berufsbildern" als verfassungsrechtlicher Anknüpfung der Berufsfreiheit[104] distanziert hat, kann der Typuszuordnung eines Berufs (Gewerbe, Freier Beruf, Landwirtschaft etc.) weder für den Schutzbereich noch für die Rechtfertigung des Eingriffs Relevanz beigemessen werden (zur Unzulässigkeit des „Berufsbildschutzes" sogleich).[105] Im gewerblichen Bereich wird die Unternehmer- ebenso wie die Unternehmensfreiheit[106] vom Schutzbereich des Grundrechts erfasst, und für freiberufliche Organisation gilt nichts anderes: Als Vorgang und Prärogative der Berufsträger und ihr körperschaftliches Ergebnis fällt sie gleichermaßen unter Art. 12 I GG.[107] Einer freiberuflichen Kapital- oder auch Personengesellschaft kann der Schutz der Art. 12 I, 19 III GG auch nicht mit der Begründung versagt werden, sie sei nur Kunstgebilde, eine zur Erfüllung *eigener* beruflicher Pflichten unfähigen „Zweckschöpfung" des Rechts.[108] Damit würde einerseits die geradezu begriffsnotwendige Gesetzesgeprägtheit der Rechtspersönlichkeit negiert und die gleichermaßen gesetzesgeprägte Sonderrolle der Freien Berufe andererseits verfassungsrechtlich überbewertet.

Auch als „dienende Freiheit" nach dem Muster des Rundfunks[109] darf die Berufsfreiheit des Freiberuflers nicht aufgefasst werden.

---

[102] Vgl. BVerfGE 120, 1 (41 ff.).

[103] Vgl. nur *Scholz,* in: Maunz/Dürig, GG (47. EL 2006), Art. 12 Rn. 285.

[104] Zur „Berufsbildlehre" auch *Fröhler/Mörtel,* GewArch 1979, 145 (146 ff.); *Borrmann,* Der Schutz der Berufsfreiheit, 2002, S. 56 ff.

[105] Vgl. *Scholz,* ebd., Rn. 286 (der die Berufsbildlehre des BVerfG für wenig konsistent erachtet).

[106] BVerfGE 50, 290 (366); 97, 67 (83); dezidiert etwa *Dietlein,* in: Stern, Staatsrecht, Bd. IV/1, 2006, S. 1819.

[107] Grundlegend *Mestmäcker,* FS Westermann, 1974, S. 411 (415 ff.).

[108] So aber *Ganster* (o. Fn. 3), S. 584 ff.; ähnlich OVG Koblenz, NJW 1980, 1866 (1867).

[109] So etwa BVerfGE 83, 238 (295); 97, 228 (257).

Anders als Art. 5 I 2 und Art. 5 III GG ist Art. 12 I GG (wie auch Art. 15 GRCh) nicht insgesamt und kraft seines Schutzbereichs ein „Funktionsgrundrecht"; zudem fehlt es am notwendigen Bezug auf ein institutionelles Substrat (Rundfunkanstalten, Hochschulen). Beschränkungen der Berufstätigkeit bedürfen der Rechtfertigung durch hinreichende, der Art der betroffenen Betätigung und der Intensität des jeweiligen Eingriffs Rechnung tragende Gründe des Gemeinwohls und müssen überdies dem Grundsatz der Verhältnismäßigkeit entsprechen.[110] Wo Restriktionen – Gebührenregelungen, Fremdbeteiligungsverbot, Organisationsschranken – mit dem Schutz des Berufsstandes, seiner „Unabhängigkeit" zumal, begründet werden, liegt kein „aufgedrängter Grundrechtsschutz" vor,[111] denn Versorgungs- und Schutzbelange der Dienstleistungsempfänger und Art. 12 I GG selbst (in seiner Funktion als objektive Verfassungsentscheidung zugunsten der Berufsgruppe) können die Maßnahmen rechtfertigen. Letztlich geht Regulierung Freier Berufe stets mit einem „verfassungsrechtlichen Paradoxon" einher: Der Gemeinwohlbezug von Tätigkeiten, die einer Kerngruppe der Freien Berufe (Rechtsanwälte, Steuerberater, Ärzte, Zahnärzte, Apotheker u.a.) obliegen, folgt bereits aus der Betroffenheit verfassungsrechtlich geschützter Individualgüter der Dienstleistungsempfänger (Art. 2 II 1, Art. 14 I, Art. 19 IV GG und andere). Um ihretwillen wiederum muss in die Berufsfreiheit der Dienstleistungserbringer gesetzlich eingegriffen werden; zugleich aber ist der „Dienst an diesen Rechtsgütern" für die Berufe selbst konstitutiv und wird insoweit vom Grundrecht der Berufsfreiheit umschlossen.[112] Mit Ausdifferenzierung des formalrechtlichen Rahmens freiberuflicher Betätigung kann sich die Wirkungsweise des Berufsgrundrechts auch ändern. So stehen einander immer häufiger die (funktional gemeinwohlsichernde) Unabhängigkeit des angestellten Anwalts als Komponente der Berufsfreiheit und die des gleichfalls freiberuflichen Arbeitgebers gegenüber.

Da der Gesetzgeber durch Zuweisung von Aufgaben und Funktionen das normative Erscheinungsbild der Freien Berufe prägt, liegt die Frage nahe, ob und inwieweit der so geschaffene Ordnungsrahmen um seiner selbst willen schutzwürdig ist. Die Neigung, die ordnungsgemäßen Rechts-, Steuer- etc. –pflege oder die Funktionsfähigkeit des Notariats per se als eingriffslegitimierendes Gemeingut anzuerkennen, birgt die Gefahr des Autodeterminismus: einer „Regulierungsspirale", bei der jede neue Regulierung mit der Notwen-

---

[110] Vgl. nur BVerfGE 95, 193 (214); 102, 197 (213); 115, 276 (304).

[111] Gegen einen solchen: *Gusy,* DVBl 1982, 982 (988f.); allgemein: *von Münch,* FS Ipsen, 1977, S. 114 (127f.); zur Typik *Lindner,* Theorie der Grundrechtsdogmatik, 2005, S. 370f. m. Fn. 355.

[112] BVerfGE 75, 166 (171); noch dezidierter *Ring,* NJW 1997, 768 (773).

digkeit begründet wird, die Regulierungsordnung in ihrem jeweiligen Bestand zu schützen. Nicht selten wird die Reinheit des freiberuflichen Berufsbildes bemüht, das durch „Kommerzialisierung" (dazu infra B II 1) verfälscht werde.[113] Dabei wird übersehen, dass Berufsbilder nicht statisch sind, sondern im Gegenteil durch fortwährende gesetzliche Überformung erst ihre Gestalt bekommen. Traditionsschutz ist kein verfassungsrechtlich relevanter Belang. Zur Rechtfertigung eines zugunsten der „ordnungsgemäßen" Ausübung freiberuflicher Leistungen erfolgenden Eingriffs muss vielmehr ermittelt werden, ob sich ein darüber hinausgehender, verfassungsrechtlich legitimer Ordnungszweck findet[114] und ob ihm auch auf andere Weise als durch Begrenzung der Vertrags- und Organisationsprärogative der Berufsangehörigen Rechnung getragen werden kann. Enge Regulierungsrahmen kommen Interessen der Berufsangehörigen allerdings nicht selten entgegen, weil sie eine ausgewogene Allokation der Marktanteile bei gleichzeitiger Erschwerung des Berufszugangs für Neuankömmlinge gewährleisten.

(2) Grundfreiheiten und Dienstleistungsrichtlinie

Der verfassungsrechtlich vorgezeichnete Spielraum wird, wo sich die Maßnahme auf den grenzüberschreitenden Dienstleistungsverkehr oder die Niederlassung fremder Staatsangehöriger auswirkt, weiter beschränkt durch die Vorgaben des Gemeinschaftsprimärrechts, vor allem Art. 9ff. und 16ff. der EG-Dienstleistungsrichtlinie (DLRL) und, wo diese nicht zur Anwendung kommen können, die primärrechtlichen Grundfreiheiten, seltener auch Unionsgrundrechte.[115] Die DLRL ist nicht nur auf den Abbau von Beschränkungen und die „Defragmentierung des Binnenmarktes",[116] sondern auch auf die „Modernisierung der nationalen Regelungen bei Dienstleistungstätigkeiten" bis zur „Schaffung eines wirklichen Binnenmarktes für Dienstleistungen bis zum Jahr 2010"[117] gerichtet. Ohne eine

---

[113] I.d.S. BVerfG (K), NJW 1994, 123 (124); *Laufs,* NJW 2001, 1757 (1758f.); *Tettinger,* Freie Berufe und Kammerrechte im Wandel der Staatsaufgaben, in: Merz (Hrsg.), Freie Berufe im Wandel der Märkte, 2002, S. 65 (76); abl. *Bomba* (o. Fn. 48), S. 256ff., 273; für das Notariat auch *Voscherau,* FS Spiegelberger, 2009, S. 1533 (1533f.).

[114] Vgl. *Manssen,* in: von Mangoldt/Klein/Starck, GG, Bd. 1, 5. Aufl. 2005, Art. 12 Rn. 164 m.w.N.

[115] Vgl. *Frenz,* GewArch 2008, 465 (466ff.) m.w.N. Zur Anwendung kommen sie, wo ein Unionsrechtsakt unmittelbar wirkt oder kaum Umsetzungsspielraum gewährt (BVerfGE 118, 79 [95ff.]; etwas anders *Jarass,* EU-Grundrechte, 2005, § 4 Rn. 13) – was auf die DLRL überhaupt nicht und auf spezielle Berufsrichtlinien nur ausnahmsweise zutrifft.

[116] Erwägungsgründe 2, 4.

[117] Erwägungsgrund 7.

gewisse „Neuordnung“ (supra Einl. zu A) kann dieses Ziel schwerlich erreicht werden. Primärrechtlichen Bestimmungen allein scheint es hierfür an Zugkraft zu mangeln.[118]

Die DLRL überwölbt – gemeinsam mit der Berufsqualifikationsrichtlinie (BQRL) – die grundrechtlich vorgezeichneten Regelungsspielräume und kraft des Anwendungsvorrangs des Europarechts die Vorgaben des nationalen Berufsrechts. Über Differenzierungsverbote wird selbständig agierenden Unionsbürgern praktisch ein Art. 12 I GG materiell gleichwertiger[119] Schutz zuteil. Vor allem aber wird die Bandbreite der Rechtfertigungsgründe für berufsbeschränkende Maßnahmen stark verkürzt, wo die Maßnahme in eine „schwarze Liste“ fällt, aber auch bei Betroffenheit der Dienstleistungsfreiheit i.S.v. Art. 16 DLRL, in welchem Fall nur noch vier Gemeinwohlerwägungen als Rechtfertigung anerkannt werden. Bedeutung für Freie Berufe wird unter diesen nur die – sehr restriktiv aufzufassende[120] – öffentliche Ordnung und Sicherheit, bei Apothekern (medizinische Heilberufe sind von der DLRL ausgenommen) noch die öffentliche Gesundheit gewinnen. Öffentliche Sicherheit und Ordnung können Beschränkungen nur bei Gefährdung eines belegbaren und hinreichend graviden Grundinteresses der Gemeinschaft legitimieren. Generalpräventive Gesichtspunkte und allgemeine Ordnungserwägungen („geordnete Rechtspflege“) genügen ebenso wenig[121] wie die bloße *Möglichkeit* einer Rechtsgutsgefährdung. Verbraucher- und Vertrauensschutz, die Gefahr ruinösen Wettbewerbs zu Lasten der Gesamtbevölkerung oder die Lauterkeit der Berufsausübung sind Grundinteressen der Gesellschaft, nicht jedoch die Wahrung von Bild, Ansehen oder Tradition eines Freien Berufs.[122] Zusätzlich muss eine schwere Gefährdung absehbar sein für den Fall, dass die staatliche Intervention in die Dienstleistungsfreiheit unterbleibt. Am Beispiel von Honorarordnungen wird (unter III 1) darzulegen sein, dass Europa- und nationales Verfassungsrecht in ihrer Wechselbeziehung den Generalverzicht auf bestimmte Restriktionen erzwingen können.

---

[118] Vgl. DLRL, Erwägungsgrund 6.

[119] Die Geltung des Art. 12 I GG über den Wortlaut hinaus für Unionsbürger ist str.; dagegen u.a. BVerfGE 104, 337 (346); *Scholz,* in: Maunz/Dürig, GG, 47. EL 2006, Art. 12 Rn. 105; dafür *Breuer,* in: Isensee/Kirchhof (Hrsg.), Hdb. des Staatsrechts, Bd. VI, 2. Aufl. 2001, § 147 Rn. 21; *Jarass,* in: ders./Pieroth, GG, 10. Aufl. 2009, Art. 12 Rn. 10.

[120] St. Rspr.; so jüngst etwa EuGH, Rs. 319/06, *Kommission/Luxemburg,* Slg. 2008, I-4323, Rn. 30f., Übersicht bei *Schmidt-Kessel,* in: Schlachter/Ohler (o. Fn. 22), Art. 16 Rn. 35ff.

[121] Vgl. *Bröhmer,* in: Calliess/Ruffert, EUV/EGV, Kommentar, 3. Aufl. 2007, Art. 46 Rn. 4.

[122] So auch *Bomba* (o. Fn. 48), S. 272f., 297; *Jarass,* NJW 1982, 1833 (1873); anders BVerfGE 33, 125 (170); 60, 215 (232); 71, 162 (173f.).

b) Holistischer oder berufsspezifischer Ansatz

Effiziente Regulierung Freier Berufe setzt nicht nur ein rechtlich und rechtspolitisch valides Ziel, sondern auch einen ebensolchen Regelungsansatz voraus. Die Bandbreite reicht von holistischen Konzepten, welche die Freien Berufe als Berufs*gruppe* kodifikatorisch in den Blick nehmen, bis hin zu gegeneinander abgeschichteten Einzelberufsregimen. Gesamtanknüpfungen sind bislang rar, gegenständlich eng begrenzt und weisen, wie § 18 I Nr. 1 EStG und § 1 II PartGG, dem abstrakt-generelle Merkmal der Freiberuflichkeit keine zentrale Funktion zu. Ein Grund für solche Zurückhaltung ist die ungenügende Gesetzesprägung der Freien Berufe, die eine verlässliche Tatbestandsanknüpfung erschwert. Um die „schillernde“, „amorphe“[123] Kategorie der Freien Berufe in ein stabileres Regulierungskorsett zu bringen, bedürfte es also zunächst der *terminologischen* Stabilisierung als Rechtskategorie – die angesichts grenzüberschreitender Dienstleistungserbringung nicht isoliert vom Europarecht erfolgen kann.

Holistische Konzepte für Freie Berufe können derzeit angesichts der Zuweisung (Deutschland) bzw. Beschränkung (Europa) der Regelungszuständigkeiten nur indirekt erreicht werden – etwa über Parallelführung einzelberuflicher Regelungsansätze bis zu einem Punkt, an dem die Wesenszüge Freier Berufe als Gruppe über ihre gemeinsamen rechtlichen Nenner wie auf einem pointillistischen Gemälde mählich Gestalt annehmen. Berufsgruppenrechtliche Abstraktion lässt sich formal so nicht erreichen, wohl aber imitieren. Voraussetzung ist, dass die einzelnen Freien Berufe ausreichende Gemeinsamkeiten aufweisen bzw. dass die harmonisierende Parallelführung rechtspolitisch sinnvoll oder gar verfassungs- oder europarechtlich geboten ist. Welcher Einfluss dabei von der DLRL ausgehen kann, ist Gegenstand der Betrachtungen in Teil C, IV.

---

[123] *Taupitz* (o. Fn. 3), S. 17.

B. Freiberuflichkeit im Umbruch

Freie Berufe sind ungeachtet aller Traditionsbezüge nicht statisch, sondern unterliegen sozialempirischen und rechtlich beeinflussten Wandlungsprozessen, auf welche ihre Regulierung Bezug nehmen muss. Merkmale des Wandels sind Europäisierung und Internationalisierung (III), die mit dem Stichwort „Kommerzialisierung" unzureichend gewürdigte Annäherung zwischen Freien Berufen und Gewerbe (II), aber auch Funktions- und Bedeutungswandel kammerrechtlicher Regulierung (I).

I. Metamorphose berufsständischer Selbstregulierung

Selbstregulierung Freier Berufe ist Ausdruck der verfassungsrechtlich geschützten Berufsfreiheit ihrer Träger und, soweit der Zusammenschluss zu privatrechtlichen Berufsverbänden erfolgt, in aller Regel auch der Vereinigungsfreiheit (Art. 9 I GG). Freiwillige, autonome Selbstregulierung herrscht bei nicht oder erst neuerdings reglementierten Freien Berufen vor,[124] während sie im tradierten Kernbereich der Freiberuflichkeit ergänzend zu der pflichtigen, heteronomen berufsständischen Selbstverwaltung durch Kammern tritt (z.B. Anwaltskammern vs. Deutscher Anwaltverein). Von den üblichen Mustern der Selbstregulierung, die meist eine „staatlich regulierte" ist[125] (wie im Bereich der Marktorganisation, z.B. im Gesellschafts-, Kapitalmarkt- oder Bilanzrecht) unterscheidet sich die kammerrechtliche Form nur durch organisations- und mitgliedschaftsrechtliche Vorgaben, kaum jedoch beim gesetzlich vorgezeichneten Selbstregulierungsauftrag.

Bei nicht-verkammerten Freien Berufen kann Selbstregulierung durch Erlass von Kodizes privatrechtlicher Berufsverbände oder

---

[124] Z.B. Berufsfachverband für das Sachverständigen- und Gutachterwesen e.V.; Deutscher Künstlerbund e.V.

[125] *Hoffmann-Riem*, Reform des allgemeinen Verwaltungsrechts, 1993, S. 115 (140); *Voßkuhle*, in: Schuppert (Hrsg.), Jenseits von Privatisierung und „schlankem" Staat, 1999, S. 47 (60ff.); *Schulz/Held*, Regulated Self-Regulation, 2001, S. 7ff.; ferner die Beiträge in: Die Verwaltung 2001, Beiheft 4 (Regulierte Selbstregulierung als Steuerungskonzept des Gewährleistungsstaates).

kraft Binnenrechtsvorschriften erfolgen, die Marktbeteiligte, teils aufgrund gesetzlicher Anordnung, im Rahmen ihrer Organisationsbefugnis für den eigenen Rechtsbereich erlassen.[126] In Systemen pflichtiger Selbstverwaltung gliedert sich Selbstregulierung in Formen „schlichter" berufsständischer Interessenvertretung durch Kammern, die Rechtsetzung durch teils organschaftlich integrierte, teils Kammern angegliederte Satzungsversammlungen und schließlich die von den Kammern ausgeübte Aufsicht über die Mitglieder des Berufsstandes auf.[127] In allen Varianten folgt Selbstregulierung den Grundgedanken der Subsidiarität (gegenüber staatlicher Regelung bzw. Rechtsdurchsetzung) und der Verhältnismäßigkeit: Für „Selbstregulierung" durch berufsständische Körperschaften gelten keine anderen verfassungsrechtlichen Maßstäbe als für staatliche Eingriffe. Das Subsidiaritätsprinzip entbindet indessen nicht von der Beachtung der Grundrechte. Auch wenn sich die Auferlegung einer Pflicht durch Selbstverwaltungsentitäten gegenüber staatlichen Maßnahmen dem Grunde nach als milderes Mittel darstellt,[128] muss sie überdies noch in Ansehung ihres Inhalts dem Verhältnismäßigkeitsgrundsatz genügen.

Die kammerrechtliche Selbstregulierung unterliegt einer Metamorphose, die auf die erfassten Berufe selbst ausstrahlt. Ihre hybride Natur zwischen Selbsterwaltungs- und Disziplinierungsinstrumenten und daraus folgende rechtliche Probleme treten ihrer unterschiedlichen Grundansätze vor dem Verfassungs- und dem Europarecht gleichermaßen zutage. Während das Verfassungsrecht die Kammern funktional dem staatlichen Bereich zuordnet und die Grundrechte der einzelnen Berufsträger betont, rechnet das Unionsrecht Kammern den Unternehmen bzw. Unternehmensverbindungen zu, die – jedenfalls im Grundsatz – die Vorgaben des Kartellrechts (Art. 101f. AEU) zu beachten haben.[129] (Bedenklich erscheinen Versuche, den Zwiespalt mit Hilfe des Art. 106 II AEU zu beseitigen,[130] da weder Kammerfunktionen ihren Mitgliedern ohne

[126] Vgl. etwa *Kämmerer/Veil,* BKR 2005, 379 (383); *Dreyer,* in: Harte-Bavendamm/Henning-Bodewig, UWG, 2. Aufl. 2009, § 5 I 2 Nr. 6, Rn. 3.

[127] Dazu *Ruffert,* in: Kluth (o. Fn. 62), H, Rn. 1ff.

[128] Vgl. *Hendler,* in: Kluth (o. Fn. 62), A, Rn. 41ff.; *Kluth,* ebd., C, Rn. 3ff.

[129] Zur Interpretation der einschlägigen EuGH-Judikatur (Res. C-309/99, *Wouters,* Slg. 2002, I-1577, und C-35/99, *Arduino,* Slg. 2002, I-1529) *Lenk,* Die Ausnahme standesrechtlicher Werbeverbote aus dem EG-Kartellrecht, 2006, S. 64ff.; *Nuckelt,* Die Regelungssysteme der rechts-, steuer- und wirtschaftsberatenden Berufe in Deutschland, England und Wales, 2006, S. 75f.; *Waldhorst,* Die Kammern zwischen Kartell- und Verwaltungsorganisationsrecht, 2005, S. 100ff.

[130] I.d.S. *Lenk* (o. Fn. 129), S. 346ff.; vgl. auch *Vallone,* Auswirkungen des Kartellverbots auf das Standes- und Berufsrecht der verkammerten Freien Berufe, 2006, S. 279ff.

weiteres zugerechnet werden können noch die Interessen der berufsständischer Vertretung und der Vertretenen notwendigerweise deckungsgleich sind.) Die Bindung an formale Voraussetzungen (Unzulässigkeit autogener, gesetzesfreier Standesrichtlinien)[131] zog eine Hochzonung zentraler Entscheidungen auf den Gesetzgeber und eine Beschränkung der Selbstverwaltungsorgane auf Ausgestaltungsfunktionen (vgl. z.B. für Werbebeschränkungen § 49b BRAO) nach sich. Dass dieser Prozess unter dem Einfluss des Europarechts fortschreiten wird, ist nicht ausgeschlossen. Die Legitimationsbasis der Kammern ist eine mitgliedschaftliche[132] und befugt sie trotz Bindung an die gesamte verfassungsmäßige Ordnung nicht zum umfassenden Grundrechtsausgleich zwischen Berufsvertretern und anderen Marktakteuren (Regulierung). Generell ist Selbstregulierung stets nur ein unvollkommener Teil des regulativen Gesamtkonzepts.[133] Entscheidungen, welche die Kammer mit „überschießender Innentendenz" fasst, sind verfassungsrechtlich problematisch.[134] Dies trifft insbesondere auf werbungshemmende Satzungsbestimmungen zu, die stets auch Verbraucherinformation über freiberufliche Dienstleistungen und Dienste tangieren. Auch inhaltlich hat die Verfassungsgerichtsbarkeit kammerrechtliche Rechtsgestaltung in die Schranken gewiesen. Kammern wird – auch wegen der Nachrangigkeit gesamtgesellschaftlicher Anliegen in ihrer Willensbildung – eine Tendenz zu berufspolitischem Konservatismus („Immobilität") [135] und damit zum Festhalten an mitunter zu restriktiven, verfassungsrechtlich unhaltbaren Berufsvorschriften – besonders augenfällig wiederum bei Werbeverboten[136]– attestiert. Das Akzentuieren des Art. 12 I GG als Freiheitsrecht auch der Freien Berufe musste also zu Lasten der öffentlich-rechtlichen Berufsverbände gehen, denen das BVerfG einmal eine überdurchschnittlich hohe Kontrollschärfe, ja ein „tiefe[s] Misstrauen gegenüber berufsverbandlicher Normgebung" vorwarf.[137]

Mit der stärkeren Betonung der freiheitsrechtlichen Komponente Freier Berufe verlagert sich der Schwerpunkt berufsständischer, öffentlich-rechtlicher, pflichtiger Selbstverwaltung von Normsetzung

[131] BVerfGE 36, 212 (216ff.); 76, 171 (184ff.); 76, 196 (205ff.); 94, 372 (398f.); BVerfG, NJW 2002, 3091.

[132] *Tettinger* (o. Fn. 62), S. 139ff.; *Stober/Eisenmenger,* in: Kluth (o. Fn. 127.), F, Rn. 7ff.

[133] Vgl. auch *Kämmerer,* Selbstregulierung am Beispiel des Kapitalmarktrechts, in: Hopt/Kämmerer/Veil, Kapitalmarktgesetzgebung im Europäischen Binnenmarkt, 2008, S. 145 (148).

[134] Dazu BVerfGE 33, 125 (157f.); *Kluth,* Funktionale Selbstverwaltung, 1997, S. 320f.

[135] BVerfG 93, 362 (370).

[136] Infra C IV 4.

[137] *Lorz,* NJW 2002, 169 (174).

und Aufsicht zu Berufsmanagement und Qualitätssicherung. Wachsende Komplexität der Vorgänge auf Dienstleistungsmärkten und die Lissabon-Strategie der EU zur Beseitigung von Markthemmnissen[138] könnten weitere Beschränkungen der selbstregulativen Rechtsetzungsbefugnisse nach sich ziehen, doch mag die umrissene Metamorphose auch die Chance zu einer zeitgemäßen Neujustierung der Koordinaten freiberuflichen Selbstverständnisses durch die Kammern und andere Berufsverbände bieten. Gerade die DLRL könnte mit ihren Vorgaben für Qualitätsmanagementsysteme (Art. 26, 37) dafür eine Blaupause bereitstellen (hierzu infra D II).

II. Annäherung von Freien Berufen und Gewerbe

1. Die Chimäre der „Kommerzialisierung"

Selbstverständnis und Ethos der Freien Berufe, deren „Sonderstellung" das BVerfG jüngst noch bestätigte,[139] knüpfen nicht zuletzt an ihrer gesetzlich bestätigten Nichtgewerblichkeit an. Doch je weniger das normativ untermauerte Credo auch in der sozial und rechtlich geprägten Berufspraxis einen Anhaltspunkt findet, desto fragwürdiger stellt sich die propagierte Wesensverschiedenheit von Freien und gewerblichen Berufen bzw. Tätigkeiten und damit die Raison d'être auf ihr fußender Regelungen. Mit zunehmender Annäherung wird die Geschäftsgrundlage der Differenzierung brüchig.[140] Will der Gesetzgeber die Unterscheidung am Ende mittelfristig nicht ganz aufgeben, wird er Eckpunkte (und damit das Grundkonzept) der Freiberuflichkeit möglicherweise neu berechnen müssen.

Die Debatte über die „Kommerzialisierung" der Freien Berufe ist fast so alt wie der Begriff selbst.[141] Selten mit positiver Konnotation versehen,[142] wird sie meist als Gefahr geschildert, vor der die Freien Berufe zu schützen seien. Eine differenzierte Auseinandersetzung mit dem Topos, dem Unterschied zwischen Freiem Beruf und Gewerbe, seiner Verfassungsrelevanz[143] und schließlich der Natur der mit Kommerzialisierung assoziierten immanenten Gefahr erfolgt

[138] Vgl. Europäischer Rat, Lissabon, 23. und 24. 3. 2000, Schlussfolgerungen des Vorsitzes (www.europarl.europa.eu/summits/lis1_de.htm).

[139] BVerfGE 120, 1 (36).

[140] Vgl. BVerfGE 120, 1 (35): „durchaus beachtliches Ausmaß" der Konvergenz.

[141] Markant RFHE 14, 19 (21); vgl. auch BT-Drs. 15/1517, S. 11; *Henssler,* AnwBl 2008, 721 (722) m.w.N.; vgl. auch *Stürner/Bormann,* NJW 2004, 1481 (1483ff.).

[142] I.d.S. *Kleine-Cosack,* BB-Special Berufsrecht zu Heft 11/2008, 2ff.

[143] Mit Recht verneint von *Manssen,* in: von Mangoldt/Klein/Starck (o. Fn. 114), Art. 12 Rn. 163.

selten (s. auch supra A II 2a (1) zum „Berufsbildschutz"). Bereits die Emanzipation der Freien Berufe ging mit Annäherungen an gewerbliche Tätigkeiten einher: Beide hatten fortan gemein, dass Dienstleistungen auf Märkten erbracht wurden, die im Kern von Angebot und Nachfrage bestimmt wurden. Verkammerung, funktionales Residuum einstiger Staatsgebundenheit und Fanal neu gewonnener Autonomie zugleich, ist bei Freien Berufen verbreitet, doch erlebte sie ungefähr zur gleichen Zeit wie bei diesen – teilweise seit den 1880er Jahren – auch im Gewerbe eine Blüte (Handels- bzw. Industrie- und Handelskammern).[144] Beide Kategorien – die der Freien wie der gewerblichen Berufe – sind in starkem Maße gesetzlich geprägt, wie die wechselseitige definitorische Bezugnahme zeigt. Neuere Gemeinsamkeiten beider Gruppen sind Konzentrationstendenzen (Bildung von Kapitalgesellschaften oder Personenhandelsgesellschaften) und Internationalisierung (Trend zu grenzüberschreitender Dienstleistungserbringung); steuerrechtliche Konvergenzerscheinungen und selbst bei Freien Berufen ein stärkerer Akzent auf Privatautonomie, etwa bei Leistungsentgelten, treten hinzu. „Kommerzialisierung", als die derlei Tendenzen oft pauschal apostrophiert werden, gerät so zur Chimäre.[145] Der Topos missdeutet Grundähnlichkeiten beider Berufsgruppen einseitig als gewerbliche Attribute und entzieht sie Freien Berufen als Profilierungsplattform. Zudem wird suggeriert, nur von ihnen und nicht auch vom Gewerbe gehe die Annäherung aus. Schließlich scheint gleichzeitig zunehmenden *Divergenzen* zwischen den Kategorien keine gebührende Aufmerksamkeit zuteil zu werden. So dominieren in nicht wenigen Freien Berufen mittlerweile die abhängig Beschäftigten. Inwieweit dieser Status mit der Grundidee der Freiberuflichkeit vereinbar sein kann, ist nicht unumstritten;[146] mit dem *Führen* eines Gewerbebetriebs jedenfalls ist er begriffsnotwendig inkompatibel.

2. Konvergenzerscheinungen im Einzelnen

a) Konzentrationstendenzen

Regulierungsvorschriften, Standes- und Kammerrecht und Steuerrecht liegt das Bild des individuellen Freiberuflers als Träger von

---

[144] Gleiches gilt für das Handwerk (Handwerkskammern seit 1897) und teilweise auch für die Landwirtschaft (Landwirtschaftskammern einiger Bundesländer); vgl. *Tettinger* (o. Fn. 62), S. 50 ff., 56 ff.; *Kluth*, in: ders. (o. Fn. 62), B, Rn. 223 ff., 272 ff.

[145] Vgl. auch *Henssler*, AnwBl 2008, 721 (723): Postulat eines „entmythologisierte[n] Verständnis[ses] der Freiberuflichkeit"; andererseits *ders.*, RdA 1999, 38 (40): angestellter Freiberufler als „Systembruch" und Annäherung an Gewerbe. Differenzierend *Busse* (o. Fn. 44), S. 642 f.

[146] Dagegen *Henssler*, PartGG (o. Fn. 16), § 1 Rn. 57; s. im Übrigen supra A I 3 (2).

Rechten und Pflichten zugrunde. Für Notare und Apotheker ist diese Leitvorstellung gar gesetzeskräftig festgeschrieben. Vor allem bei (rechts)beratenden Freien Berufen ist dennoch der Trend zur gemeinschaftlichen Berufsausübung ungebrochen, auch was die Inanspruchnahme gesellschaftsrechtlicher Formen betrifft. Die Konzentrationstendenzen reflektieren ebenso internationale Entwicklungen wie die Spezialitätsanforderungen komplexer werdender Dienstleistungsgesellschaften. An die Stelle von Berufsträgern, die auf eigene Rechnung agieren, treten Bürogemeinschaften und sogar Rechtsanwalts-, Steuerberatungs- oder Wirtschaftsprüfungsgesellschaften. Dieser Wesenswandel der wirtschaftlichen Selbständigkeit spiegelt auch die Entwicklung des Art. 12 I GG vom Unternehmer- zum Unternehmensgrundrecht wider.[147] Berufliche Zusammenschlüsse präsentieren sich nicht als bloße Zusammenlegung von Infrastruktur, sondern als arbeitsteilig organisierte Entitäten, Gewerbebetrieben darin nicht unähnlich.[148] Der Erlass des PartGG trägt dieser Entwicklung implizit Rechnung, doch nimmt auch die Zahl der Kapitalgesellschaften (wenngleich insoweit teilweise Restriktionen bestehen) stetig zu. Mit flexibleren und größeren Organisationseinheiten geht die Notwendigkeit spezifischer, oft nur in bestimmten Modi gesellschaftsrechtlicher Organisation realisierbaren institutionellen Strukturen (wie multidisziplinare Zusammenschlüsse, Sternsozietäten, überörtliche Sozietäten, Fremdbeteiligung) einher. Der Gesetzgeber gab ihnen teilweise nach, teilweise widerstand er ihnen. Auch wo Kapitalgesellschaften zulässig sind, schlägt sich die freiberufliche Prägung von Gesetzes wegen auf das Statut nieder, insbesondere bei der Besetzung der Leitungsorgane. Restriktionen bei der Fremdbeteiligung stehen einem Börsengang grundsätzlich entgegen. Außerhalb des (durch reglementierte und verkammerte Tätigkeiten gekennzeichneten) „Kernbereichs" Freier Berufe sind allerdings keine derartigen Beschränkungen angeordnet. – Manche dieser Fragen stehen im Mittelpunkt der von der DLRL angeordneten Normenprüfung, die somit auf den Konvergenzeffekt zusätzlich steuernd einwirkt (dazu infra C I).

b) Besteuerungsgrundlagen

Die Differenzierung im Steuerrecht zwischen freiberuflichen und gewerblichen Tätigkeiten soll gerechtfertigt sein – aber nur, weil sich beide Bereiche auch im Steuerrecht zunehmend annäherten. Dieses

---

[147] Vgl. *Dreier,* in: ders. (Hrsg.), GG, Art. 2 I, 2. Aufl. 2004, Art. 12 Rn. 38; *Dietlein,* in: Stern, Staatsrecht, Bd. IV/1, 2006, S. 1819.

[148] Krit. *Stürner/Bormann,* NJW 2004, 1481 (1483 ff.) m. w. N.

Paradoxon ist die Quintessenz der jüngsten Rechtsprechung des BVerfG zur Gewerbeertragsteuerpflicht.[149] Zwar pflichtete das Gericht der Ansicht des vorlegenden Gerichts, es fehle heute an einer „grundlegende[n] Verschiedenheit der Kombination von Produktionsfaktoren", welche die gewerbesteuerrechtliche Ungleichbehandlung rechtfertigen könne.[150] Es billigte dem Gesetzgeber zu, an der tradierten Differenzierung festzuhalten, bis zutage trete, dass im Hinblick auf Steuergegenstand und Besteuerungsmerkmale „keine tragfähigen Unterschiede mehr zwischen diesen Berufsgruppen bestehen." Aller Konvergenz zum Trotz sei dieser Punkt noch nicht erreicht.[151] Doch will das BVerfG die gewerbesteuerrechtlichen Differenzierungen offenbar nur deshalb hinnehmen, weil die Auswirkungen der unterschiedlichen Regelungen erstens durch die mittlerweile eingeführte Anrechnungs- und Ausgleichsregelungen zwischen Einkommen- und Gewerbesteuer und zweitens u.a. durch die großzügig bemessene Anrechnungsregelung des § 35 EStG abgefedert worden ist.[152] Nicht die Art der Tätigkeit, sondern die typische Betriebsgröße wird damit zum verfassungsrechtlich maßgeblichen Differenzierungskriterium.

Die geltende Rechtslage ist nicht nur aus rechtspolitischer Sicht unbefriedigend: Wenn die Ähnlichkeit der wirtschaftlichen Verhältnisse keine grundlegende Differenzierung bei der Steuerlast zulässt, wird die rechtspolitische Ratio unterschiedlicher Steuertypen – Alimentierung der Gemeinden (vgl. Art. 28 II 3, Art. 106 VI GG) einmal ausgeklammert – erschüttert. Zudem kann die Differenzierung nur Bestand haben, solange sich die Verhältnisse nicht signifikant ändern. In dem Maße, wie z.B. größere Anwaltssozietäten in Umsatz und Beschäftigtenzahl mit mittleren Gewerbebetrieben gleichziehen, wandelt sich das gesellschaftliche Bild. Fragwürdig erscheint auch, dass freiberufliche Kapitalgesellschaften gemäß Art. 2 II GewStG ausnahmslos als Gewerbebetriebe geführt werden und resultierende Einkünfte der Gewerbeertragsteuerpflicht unterliegen. Damit wird die Ratio der unterschiedlichen steuerlichen Anknüpfung durchbrochen, dass Freiberufler wegen ihrer inhaltlichen Besonderheiten und wegen ihrer typischerweise wenig personal- und produktionsmittelintensiven Strukturen nicht zu einer Gewerbebe-

[149] BVerfGE 120, 1 ff.

[150] BVerfGE 120, 1 (9).

[151] Das Gericht begnügt sich insoweit damit, die typuskennzeichnenden Merkmale der freiberuflichen Tätigkeiten zu enumerieren sowie auf die (allerdings gesetzlich geschaffene) „Sonderstellung" Freier Berufe abzuheben; vgl. BVerfGE 120, 1 (33, 35 f., 38, 40).

[152] BVerfGE 120, 1 (41 f., 50). Zur Wirkung des § 35 EStG *Lang*, in: Tipke/Lang, Steuerrecht, 20. Aufl. 2010, § 9 Rn. 840 ff.

steuerung herangezogen werden.[153] Denn auch bei Nichtüberschreitung des „kleinbetrieblichen“ Rahmens gibt nicht die Betriebsgröße, sondern die gewählte Organisationsform die steuerrechtliche Anknüpfung vor. Eine dauerhafte Behebung der widersprüchlichen Vorgaben könnte wohl nur durch eine Zusammenführung von Gewerbe- und Einkommensteuer zu einer „betrieblichen Ertragsteuer“ bewerkstelligt werden – ein Schritt, den das BVerfG im Lichte der Grundrechte für unbedenklich erachtet.[154] (Vgl. infra C IV 1c, 2d.)

c) Organisation und Beteiligung

Die bereits erwähnte Tendenz zur beruflichen Verbindung, auch – in der Praxis jedenfalls bei Rechtsanwälten seltener[155] – in Kapitalgesellschaften, ist symptomatisch für eine Konvergenz von Freien Berufen und Gewerbe, die durch Art. 12 I GG forciert worden ist.[156] Als Menetekel der „Kommerzialisierung“ wäre sie schon deswegen nicht angemessen gewürdigt, weil der Gesetzgeber das Junktim von Gewerblichkeit und Zugang zu kapitalgesellschaftlichen Formen (wenn auch nicht zwischen diesen und dem Besteuerungsmodus) bewusst zumindest teilweise durchbrochen hat.[157] Vorschriften, welche die Verbindung von Repräsentanten des gleichen oder unterschiedlicher Freier Berufe zu Kapitalgesellschaften, teils sogar mit Beteiligung nicht-freiberuflicher Akteure, zulassen, ermöglichen vielmehr die Adaptation der beruflichen Strukturen an die Bedürfnisse der modernen Dienstleistungsgesellschaft. Auch die Einführung der PartG im Jahre 1995 dokumentiert die gegenläufigen Interessen an organisatorischer Abgrenzung zum Gewerbe einerseits und der Überbrückung trennender Momente mithilfe des Gesellschaftsrechts. Freiberufliche Exklusivität wird insoweit durch Mimikry bewirkt: Von gewissen Unterschieden bei Haftung, Prokura, Buchführung und Bilanzierung abgesehen, stellt sich die PartG als „Schwesterfigur“ der OHG dar.[158]

---

[153] So BVerfGE 120, 1 (39f.).

[154] BVerfGE 120, 1 (37); *Jachmann*, BB 2000, 1432 (1437ff.).

[155] Die Anwalts-GmbH wird allerdings als Rechtsform noch weit seltener als die PartG gewählt (260 im Jahr 2007), noch rarer ist bislang – absolut betrachtet – die Anwalts-AG (5 im Jahre 2007), vgl. *Hommerich/Kilian/Dreske* (Hrsg.), Statistisches Jahrbuch der Anwaltschaft 2007/2008, S. 92f.

[156] Vgl. BGH, NZG 2005, 596ff.; OLG Hamm, NJW 2006, 3434.

[157] § 59c I BRAO; § 49 I StBerG; § 27 I WPO. – Der steuerrechtliche Gewerbebegriff weicht hiervon, wie gezeigt, ab, indem er die Natur der Tätigkeit jedenfalls bei Kapitalgesellschaften unberücksichtigt lässt (§ 2 II GewStG).

[158] *K. Schmidt,* ZIP 1993, 633 (635); BT-Drs. 12/6152, S. 8; *Henssler,* PartGG (o. Fn. 16), § 1 Rn. 13.

Zwischen Konvergenz und Divergenz lavieren die Vorschriften über den Zusammenschluss von Freiberuflern in Personenhandelsgesellschaften, die insoweit mit konzeptionellen Widersprüchen behaftet sind. Anders als die BRAO ermöglichen § 49 StBerG und § 27 WPO die Zulassung von OHG und (GmbH & Co.) KG als Steuerberatungs- bzw. Wirtschaftsprüfungsgesellschaften – vorausgesetzt allerdings, dass sie wegen einer Treuhandtätigkeit (die als gewerblich zu qualifizieren ist)[159] in das Handelsregister eingetragen sind. Die Regelung zollt zwar dem Grundsatz Tribut, dass Personalhandelsgesellschaften nur zum Betrieb eines Handelsgewerbes gegründet werden sollen, jedoch auf inkonsequente und sachfremde Weise: Gerade das, was die Gesellschaft nach dem Regelungszweck nicht ausüben soll, ein Gewerbe nämlich, wird zur Voraussetzung für die Anerkennung als freiberufliche Gesellschaft erhoben.[160] Mit der Anordnung eines solchen Junktims zwischen einer (oft nur marginalen) gewerblichen und der freiberuflichen Tätigkeit wird die Basis der Unterscheidung zwischen freien und gewerblichen Berufen erschüttert. Ob dies ausreicht, um die „veralteten" Vorschriften unangewendet zu lassen,[161] ist fraglich. Zur Korrektur ist letztlich der Gesetzgeber berufen, der entweder (1) Personenhandelsgesellschaften von freiberuflichen Tätigkeiten ausschließen oder – ein rechtspolitisch kaum durchsetzbarer Rückschritt[162] – (2) Personenhandelsgesellschaften und Gewerbebetrieb funktional entkoppeln könnte (infra IV 1 c, 2 d). Die kühnste Handlungsoption aber bestünde in (3) der Inkorporation der Freien Berufe – unter Anerkennung eines normativ arrondierten Sonderstatus – in einen erweiterten Gewerbebegriff oder der normativen Beseitigung des Unterschiedes zwischen beiden Kategorien.[163]

d) Vertragsinhalte und Vertragsschlussmodalitäten

Verträge zwischen Freiberuflern und Dienstleistungsempfängern sind vielfach im hohen Maße reguliert, insbesondere was die Leistungsentgelte betrifft. Ihre tradierte Bezeichnung als Honorare – quasi ein Ehrensold – weist noch auf eine Zeit zurück, als die Gewinnorientierung den Berufsangehörigen ganz oder teilweise abge-

---

[159] Dazu *K. Schmidt,* DB 2009, 271.

[160] So auch *K. Schmidt,* ebd.

[161] Dafür *Kamps/Wollweber,* DStR 2009, 926 (928).

[162] Auf die Attraktivität der GmbH & Co. KG gem. § 50 I 3 StBerG verweisend *Kamps/Wollweber,* DStR 2009, 926 (929).

[163] So in Österreich: Die offene Gesellschaft nach § 105 UGB „ist rechtsfähig. Sie kann jeden erlaubten Zweck einschließlich freiberuflicher und land- und forstwirtschaftlicher Tätigkeit haben." Vgl. *Roth,* ZIP 2006, 1749 (1752).

sprochen wurde.[164] Mittlerweile billigt der Gesetzgeber eine größere Gestaltungsfreiheit zu, auch wenn der Regulierungsgrad im Kernbereich der Freien Berufe, wo Honorarordnungen Platz greifen, hoch bleibt. Mit der Flexibilisierung der Entgeltregeln (wo solche überkommen sind) gleichen freiberufliche Dienst- und gewerbliche Werkleistung sich insoweit an.[165] Entscheidungen des BVerfG und des EuGH zur Gebührenerhebung haben zwar den Anstoß zur Angleichung gegeben, sie aber wegen der grundsätzlichen Billigung von Gebührenrahmen durchaus bislang nicht forciert. So erhob der EuGH in der Entscheidung *Cipolla* gegen Mindestpreise im Lichte der Dienstleistungsqualität (Dumpingverbot) und des Verbraucherschutzes keine grundsätzlichen Einwände.[166] Bezüglich der Honorare eine eindeutige Konvergenz zwischen Freien und gewerblichen Berufen zu attestieren, fällt angesichts der von Beruf zu Beruf unterschiedlichen Entgeltregeln und -mechanismen allerdings schwer. Auf atypische Weise erfolgt i.d.R. die Entgeltung medizinischer Dienstleistungen durch gesetzliche Krankenkassen, die mit berufsständischen Repräsentanten abstrakt-generelle Honorarvereinbarungen treffen. Apothekenpflichtige Waren unterliegen der Preisbindung, die insoweit keinen Raum für vertragliche Entgeltvereinbarungen bietet. (Auch sie ist, wie die Buchpreisbindung zeigt, offenkundig kein Reservat Freier Berufe.) Grundsätzlich ist ein Trend zur Flexibilisierung unverkennbar. Dies belegen die für die beratenden Berufe – auf Druck des BVerfG, welches das extrem strikte Verbot eines Erfolgshonorars für verfassungswidrig erklärt hatte –[167] gleichzeitig eingeführten Erleichterungen bei der Vereinbarung von Erfolgshonoraren (näher infra C IV 3c).

Für die Annäherung zwischen Freien Berufen und dem Gewerbe zeichnet nicht allein die Flexibilisierung der Gebührenrahmen verantwortlich, sondern gerade hier, wo sie besonders stark reguliert sind, bewegen sich die gewerblichen ihrerseits auf die Freien Berufe zu. Dies zeigt sich exemplarisch an ehemals monopolistisch geprägten, in der Regel netzgebundenen Märkten wie denjenigen der Telekommunikation oder der Postdienste. Auch wenn die zugehörigen, europarechtlich vorgeprägten Regulierungsgesetze nicht mit Entgelt-

---

[164] Vgl. *Kluth/Goltz/Kujath* 2005 (o. Fn. 44), S. 22.

[165] Dass die Finanzbehörden Erfolgshonorare trotz ihrer (typisch werkvertraglichen und insofern gewerblichen) Ausrichtung auf den Leistungserfolg nicht als gewerbliche, sondern als freiberufliche Einkünfte qualifizieren (BFHE 135, 175 [177f.]: keine Umqualifizierung bei Erfolgshonorar in gewerbliche Einkünfte; ebenso OFD Frankfurt/M., S 2246 A – 32 – St 210 vom 25. 1. 2008), rührt einmal mehr an die Tragfähigkeit dieser grundlegenden Differenzierung im Steuerrecht.

[166] Verb. Rs. C-94/04 und C-202/04, *Cipolla* und *Meloni,* Slg. 2006, I-11421, Rn. 64ff.

[167] BVerfGE 117, 163 (197ff.).

tabellen versehen sind, werden die Preise doch im Anwendungsbereich der marktspezifischen Regulierung behördlicherseits fixiert und kontrolliert.[168] Allerdings findet eine Entgeltregulierung hier nur insoweit statt, als der Wettbewerb noch unter strukturellen Defiziten leidet – während die Entgeltregulierung der Freien Berufe dazu dient, einem schädlichen Übermaß an Wettbewerb entgegenzuwirken. Die DLRL ordnet nunmehr für (freiberufliche und gewerbliche) Dienstleistungen eine Prüfung der Entgeltregeln an, was die Vermutung nahe legt, dass sie zum Katalysator einer weiteren Annäherung erwächst. Indiziell dafür ist der Erlass einer neuen HOAI im Jahre 2009, der auf einer europarechtlichen Analyse beruhte. Die freier Honorarvereinbarung zugänglichen Bereiche wurden (um Beratungs- und Gutachterleistungen) deutlich erweitert und die verbindlichen Stundensätze bei Zeithonoraren abgeschafft.[169]

e) Verwaltungsrecht

Auf subtile Weise schwinden Gegensätze zwischen Freien Berufen und Gewerbe auch dort, wo sie ihren rechtlichen Ausgangspunkt haben: Das Gesetz zur Umsetzung der Dienstleistungsrichtlinie im Gewerberecht und in weiteren Rechtsvorschriften[170] durchbrach mit der Einfügung eines Absatzes 1a in § 6 die grundsätzliche Nichtgeltung der GewO für Freie Berufe. Der in Bezug genommene § 6c GewO wiederum setzt die Vorgaben der DLRL über Informationspflichten zwischen Dienstleistungserbringer und Dienstleistungsempfänger (vgl. Art. 22 DLRL) in der Form um, dass der Bundesregierung dafür eine Verordnungsermächtigung eingeräumt wird. Die Gesetzesbegründung nennt die Verankerung einer für gewerbliche und sonstige Dienstleistungserbringer geltenden Vorschrift in der GewO die „praktikabelste Lösung" und einen Beitrag zur Einheitlichkeit und Übersichtlichkeit der Regelungen.[171] Nicht auszuschließen ist, dass diesem ersten Einbruch der Freien Berufe in das Gewerbeverwaltungsrecht umfänglichere Annäherungen folgen.

f) Resümee

Die Konvergenz Freier und gewerblicher Berufe darf nicht einseitig als „Kommerzialisierung" Freier Berufe gedeutet werden. Doch sind die beschriebenen Annäherungen zwischen beiden Berufskate-

---

[168] Vgl. §§ 19ff. PostG, §§ 27ff. TKG, § 12 AEG.
[169] Krit. zur Novelle *Messerschmitt*, NZBau 2009, 568 (insbes. 569).
[170] Vom 17. 7. 2009, BGBl 2009 I vom 24. 7. 2009, 2091ff.
[171] BR-Drs. 284/09 vom 3. 4. 2009, S. 25.

gorien durchaus geeignet, die rechtliche Unterscheidung, auf welcher der deutsche Gesetzgeber noch immer aufbaut, und damit die These vom „Sonderstatus“ der Freien Berufe zu erschüttern. Inwieweit dieser künftig durch *spezifische* Regeln gewahrt oder gar gestärkt werden kann, wird sich auch danach bestimmen, ob die DLRL weitergehende Angleichungen erfordert oder ob sie einer rechtlichen Profilschärfung zumindest aufgeschlossen gegenüber steht.

III. Europäisierung und Internationalisierung

Globalisierung lässt Freie Berufe nicht unberührt, auch wenn die persönliche Leistungserbringung eine gewisse Barriere für multinationale Konzerne darstellt. Der Begriff steht für grenzüberschreitende gesellschaftliche und wirtschaftliche Verflechtungen, auf welche die Staaten durch kollektive, überstaatliche Rechtsetzung und -durchsetzung – Internationalisierung und Europäisierung also – respondieren.[172] Auch freiberufliche Dienstleistungen werden zunehmend grenzüberschreitend nachgefragt. Oft dominiert die passive Inanspruchnahme von Dienstleistungen, z.B. Durchführung medizinischer Operationen oder einer Zahnbehandlung im Ausland, doch wird auch von aktiver Dienstleistungsfreiheit (z.B. Hinzuziehung ausländischer Korrespondenzanwälte oder Auftragsvergabe an einen ausländischen Architekten) oder Korrespondenzdienstleistungen (z.B. freiberufliche Beratung per Telefon oder Internet, grenzüberschreitender Versand von Arzneimitteln) Gebrauch gemacht. Vor allen Dingen aber machen freiberufliche Dienstleister (Einzelpersonen oder Gesellschaften) zunehmend von der Niederlassungsfreiheit (Art. 49 AEU) Gebrauch – etwa durch Verlegung der Wirkungsstätte in einen anderen Mitgliedstaat oder Gründung einer Zweigniederlassung. Manche Freien Berufe reagieren auf die transnationale Verflechtung von Rechts- und Wirtschaftsstrukturen auch mit der Bildung überörtlicher Netzwerke, internationaler Sozietäten und „professional service firms“.[173]

1. Das Rechtsphänomen der Europäisierung

Rechtseuropäisierung bedeutet nicht einfach Hochzonung von Zuständigkeiten, sondern umschreibt die komplexe, wechselseitige

[172] Exemplarisch *U. Beck*, Was ist Globalisierung?, 1998, S. 29ff.
[173] Zum modus operandi *Hommerich* (o. Fn. 36), S. 143ff.

Beeinflussung und Überformung der europarechtlichen Ordnung einerseits und der mitgliedstaatlichen Rechtsordnungen andererseits. Das Europarecht entlehnt Ansatzpunkte und Rechtskonzeptionen dem Recht der Mitgliedstaaten und wirkt im Gegenzug auf dieses dann prägend zurück – mit den Instrumenten der Rechtsangleichung, des Anwendungsvorrangs und der Marktfreiheiten (wie auch die DLRL sie konkretisiert).[174] Europäisierung wirkt auch auf das Verhältnis zwischen den einzelnen Mitgliedstaaten insofern ein, als die Gemeinschaft aus der Vielfalt der Konzeptionen ein Muster für die Rechtsangleichung auswählt, oder weil die nationale Ordnung Erkenntnisse für die Verwirklichung der Grundfreiheiten vermittelt: Funktioniert ein Dienstleistungsmarkt in A ohne eine spezifische Beschränkung einwandfrei, kann dies auf deren Europarechtswidrigkeit in B hindeuten, muss es aber nicht: Den Mitgliedstaaten ist erstens rechtssystematische Gestaltungshoheit und zweitens eine Einschätzungsprärogative hinsichtlich des Schutzansatzes und -niveaus zuzugestehen.[175] Kontraproduktiv werden Beschränkungen allerdings, wenn Versorgungssicherheit und Qualitätssicherung, welche Ratio der zu sichernden Unabhängigkeit und damit der Beschränkung sind, durch die Restriktionen bedroht werden. So kann das Verbot einer Kapitalbeteiligung Berufsfremder die Unabhängigkeit existenziell ebenso absichern wie erschüttern, wenn andere Rechtsordnungen innerhalb des Binnenmarktes vergleichbare Schranken nicht kennen und wirtschaftlich schlagkräftigere Einheiten generieren. Mitgliedstaaten können bei Umsetzung des Europarechts im Übrigen auch „überobligatorisch“ kohärentere interne Ordnungen konzipieren, die ihrerseits künftigen Europarechtsakten als Vorbild dienen mögen. Auch solche Maßnahmen können sich allerdings dann als Hemmschuh für die gesamteuropäische Profilstärkung der Freien Berufe herausstellen, wenn der Spagat zwischen den einzelnen mitgliedstaatlichen Ordnungsmodellen dadurch zu groß wird.[176]

---

[174] Vgl. *Kämmerer,* EuR 2001, 27 ff.; *Wahl,* in: Schuppert/Pernice/Haltern (Hrsg.), Europawissenschaft, 2005, S. 147 (163). Europa kommt dabei manchmal, aber, wie die DLRL zeigt, doch keineswegs immer „durch die Hintertür“ (so aber *Henssler,* AnwBl 2009, 1 [2]).

[175] Vgl. EuGH, Rs. C-384/93, *Alpine Investments,* Slg. C-384/93, I-1142, Rn. 50 f.; deutlicher noch jüngst *Kommission/Italien,* Rs. C-110/05, Urt. v. 12. 2. 2009, Rn. 61, 65; zust. *Martini,* DVBl 2007, 10 (13).

[176] Vgl. z.B. das italienische „Decreto Bersani“ (decreto-legge vom 4. 7. 2006, GU n. 186 vom 11. 8. 2006, Suppl. Ordinario n. 183), dessen Art. 2 (Disposizioni urgenti per la tutela della concorrenza nel settore die servizi professionali) feste Gebührenrahmen abschafft und die Möglichkeit einräumt, mit beruflichen Titeln und Spezialisierung, Preisen etc. Werbung zu betreiben; zudem können interdisziplinäre Sozietäten unter Freiberuflern aller Art gebildet werden. Die Behauptung, das Berufsrecht sei

2. *Europäisierung des Dienstleistungsrechts versus Europäisierung der Freien Berufe?*

Mit dieser „Europäisierung des Rechts" als allgemeinem Prozess, an dem Freie Berufe teilhaben, hält die *spezifische* – terminologische und regulative – Europäisierung der Freien Berufe nicht Schritt. Als Dienstleistungserbringer haben Angehörige Freier Berufe grundsätzlich am europäischen Binnenmarkt für Dienstleistungen und der darauf bezogenen „Lissabon-Strategie" der EU mit dem Ziel teil, die EU bis 2010 „zum wettbewerbsfähigsten und dynamischsten wissensbasierten Wirtschaftsraum in der Welt zu machen".[177] Unklar blieb, ob in einem solchen Wirtschaftsraum eine *freiberufsspezifische Europäisierung*, also eine Rechtsentwicklung, die Profil und Eigenheiten der Freien Berufe im Wechselspiel von EU und Mitgliedstaaten bewahrt und überformt, möglich sein würde. In ihrem Bericht über den Wettbewerb bei freiberuflichen Dienstleistungen vom 9. 2. 2004 unterstreicht die Kommission zwar die Bedeutung, welche freiberuflichen Dienstleistungen im Kontext der Lissabon-Agenda unter den Gesichtspunkten des eigenen Anteils am BIP, der Ausstrahlung auf einige Wirtschaftsbereiche und des jetzigen Verbraucherschutzes zukommt.[178] Sie wendet sich zugleich (vor allem unter dem Gesichtspunkt des jetzigen Art. 101 AEU) aber kritisch gegen berufsspezifische Restriktionen und lässt somit Skepsis gegenüber einer Sonderstellung der Freien Berufe erkennen. Preisregulierung, Werbebeschränkungen und Zugangsvoraussetzungen könnten z.B. dazu beitragen, dass Preise auf hohem Niveau verharrten, Unternehmensstrukturvorgaben die Entstehung innovativer Dienstleistungsangebote und kosteneffizienter Unternehmensmodelle verhindern.[179] Nur unter drei Aspekten komme eine „gewisse Reglementierung" in Betracht: Asymmetrie der Information zwischen Dienstleistungserbringer und Klienten, externe Effekte (Auswirkungen der Dienstleistungsqualität auf Dritte, Gefahrenpotenzial) und öffentliche Güter, worunter auch die Kommission bestimmte freiberufliche Dienstleistungen fasst; es bestehe die Gefahr, dass sie ohne Reglementierung nicht oder nicht ausreichend oder angemessen erbracht würden.[180] Die Kommission stützt sich hierbei auf Studien, die sich von der

---

„in wesentlichen Teilen abgeschafft" worden (BFB [o. Fn. 11], S. 9 m. Fn. 3), ist übertrieben.

[177] Europäischer Rat, Lissabon, 23./24. 3. 2000, Schlussfolgerungen des Vorsitzes, Nr. 5 (http://www.europarl.europa.eu/summits/lis1_de.htm).

[178] KOM(2004) 83 endg., Nr. 11 ff.

[179] KOM(2004) 83 endg., Nr. 22.

[180] Ebd., Nr. 24 ff.

Aufhebung oder Lockerung berufsrechtlicher Restriktionen eine Verbesserung der Wettbewerbslage bei freiberuflichen Dienstleistungen versprechen.[181] Insbesondere Methodik und Tendenz der sog. IHS-Studie haben in Deutschland heftige Kritik seitens berufsständischer Organisationen, aber auch des Schrifttums ausgelöst. Auf die Einwände – u.a. gegen die Gleichsetzung von Regulierungsgrad und Marktfreiheit einerseits, die Vernachlässigung von Kostengesichtspunkten und Systemzusammenhängen[182] – kann hier nicht weiter eingegangen werden. Zu engmaschig erscheint jedenfalls angesichts der Interdependenz der oben (A I 3) umrissenen berufsgruppenspezifischen Merkmale die von der Kommission angeführte Trias möglicher Regulierungsansätze.

Die Kommission scheint sich trotz Achtung nichtwirtschaftlicher Gemeinwohlbelange als Speerspitze des grundfreiheitsrechtlichen Marktliberalismus zu verstehen. Ihre jüngste Kampagne zur Öffnung des Notariats[183] verdeutlicht, dass in den Auslegungen dieser europarechtlichen Vorschriften auch Rechtstraditionen aufeinander treffen können: hier die römischrechtlich-kontinentaleuropäische, dort insbes. die anglo-amerikanische, welche Staat und Gesellschaft (sowie Öffentliches und Privatrecht) nicht klar unterscheidet, damit im politischen Bereich des Öffentlichen schon strukturell marktaffiner ist und auch für einzelne Berufsgruppen andere Ausbildungswege, Funktionsbezüge und Einsatzbereiche vorsieht. Kritiker der Kommission verwiesen darauf, dass auf Auslandsmärkten seit der Freigabe der Honorare für freiberufliche Dienstleistungen nicht nur stärkere Preissteigerungen zu verzeichnen gewesen seien als im vergleichsweise stark regulierten Deutschland, sondern dass auch absolut betrachtet insbesondere bei kleinen Mandaten ein höheres Preisniveau herrsche.[184] Die Anhänger der Kommission hingegen machen geltend, dass auf Märkten für freiberufliche Dienstleistungen, die weniger reguliert sind als in Deutschland, ausweislich der Statistiken niedrigere Durchschnittspreise gefordert würden.[185] Als Antipode zur Kommission scheint sich der EuGH positioniert zu haben, der in jüngeren Entscheidungen Gemeinwohlbelangen und berufsspezifischen Besonderheiten breiten Raum gab und Mitgliedstaaten bei Beschrän-

[181] So insbes. OECD, Policy Roundtables, Competition in Professional Services, 1999 (www.oecd.org/dataoecd/35/4/1920231.pdf); Paterson/Ogus/Fink et al. (o. Fn. 21), 4 Teile.

[182] Abl. u.a. *Kluth/Goltz/Kujath*, Deregulierung des Rechts der Freien Berufe auf der Grundlage vorwiegend quantitativer Analysen, 2003; *Nuckelt* (o. Fn. 129), S. 36ff.; *Henssler*, AnwBl 2009, 1 (4) m.w.N.; vgl. auch *Jaeger*, NJW 2004, 1492 (1494).

[183] Vgl. *Kämmerer*, NJW 2006, 2727 (2728); *Shaw*, ZNotP 2006, 8 (16f.).

[184] So insbes. *Henssler*, AnwBl 2009, 1 (4), am Beispiel Finnland.

[185] *Hardege*, Freie Berufe in Deutschland, 2008, S. 24f.

kungen eine großzügige Einschätzungsprärogative einräumte. Die *Cartesio*-Entscheidung (2009) billigte das Verbot der Sitzverlegung ins Ausland durch Mitgliedstaaten, die der „Sitztheorie" anhängen; sie wirkt sich auf Freie Berufe außer in der rechtspolitischen Tendenz zumindest mittelbar praktisch in der Weise aus, dass eine Freiberufler-Kapitalgesellschaft schon aus gesellschaftsrechtlichen Gründen – berufsrechtliche können sich hinzugesellen – nicht ohne weiteres unter „Mitnahme" ihrer Organisationsform ins Ausland abwandern darf.[186] Beschränkungen der Niederlassung durch den Zuzugsstaat behandelt das Urteil *Apothekenkammer des Saarlandes* („Doc Morris"), worin der EuGH Deutschland das Recht bestätigte, zugunsten des Gesundheits- bzw. Verbraucherschutzes ausländischen Apotheken(ketten) die Primärniederlassung in Deutschland zu verwehren.[187] Die Urteile *Anker* und *Marina Mercante Española*[188] zur Bereichsausnahme des Art. 51 AEU (Art. 45 EG) deuten auf eine Bereitschaft des Gerichtshofs, um spezifisch hoheitlicher Belange willen Ausnahmen zu konzedieren. Eine verlässliche Prognose für die Beurteilung von Dienstleistungs- und Niederlassungsbeschränkungen durch den EuGH gestatten diese wenigen Urteile des selten in gleicher Besetzung tagenden Gerichtshofs aber nicht.[189] Sie verdeutlichen immerhin das unionsrechtliche Spannungsfeld, in welchem Freien Berufe ihren Platz finden müssen, und auch, wie sich Akzentverschiebungen bei der funktionalen Bewertung auf ihren Fortbestand als rechtlich relevante Kategorie auswirken.

Das Schweigen der DLRL, die noch dazu ein Baustein der „Lissabon-Strategie" ist, zu den Freien Berufen ist ihnen prima facie wenig förderlich. Andererseits weisen die materiellen Rechtsvorgaben der Richtlinie über das Primärrecht auch nur wenig hinaus. Der an 25 Stellen im Normtext aufscheinende Terminus „zwingende Gründe des Allgemeinwohls" deutet nicht gerade darauf, dass die DLRL die Mitgliedstaaten zum Bruch mit der Idee der Freiberuflichkeit zwingen will. Über ihre nähere Zukunft bestimmt das Ergebnis des den Mitgliedstaaten abgeforderten Lackmustests („Normenscreening", Art. 39 DLRL), vor allem aber seine Beurteilung durch die Kommission, der zum 28. 12. 2009 Bericht zu erstatten war und die selbst bis zum 28. 12. 2010 einen Bericht vorlegen wird (Art. 39 I, IV DLRL), sowie sodann ggf. durch den EuGH, sollte die Kommission ihn we-

---

186 EuGH, Rs. C-210/06, *Cartesio,* Urt. v. 16. 12. 2008, Rn. 99ff.; zust. z.B. *Sethe/Winzer,* MW 2009, 526ff.; krit. *Paefgen,* WM 2009, 529ff.

187 EuGH, verb. Rs. C-171/07 und C-172/07, *Apothekenkammer des Saarlandes/Saarland* ("DocMorris") Urt. v. 19. 5. 2009, Rn. 61.

188 EuGH, Rs. C-405/01, *Colegio de Oficiales de la Marina Mercante Española,* Slg. 2003, I-10391; Rs. C-47/02, *Anker,* Slg. 2003, I-10447.

189 Optimistischer insoweit *Martini,* NJW 2009, 2116 (zu „DocMorris").

gen Verletzung materieller Pflichten aus dem EG-/AEU-Vertrag oder der DLRL anrufen. Insofern ist die markt- oder gemeinwohlfreundliche Auslegung durch diese Institutionen am Ende doch von Bedeutung. Allerdings haben es die Mitgliedstaaten auch selbst in der Hand, Änderungsnotwendigkeiten zu nutzen, um die Freien Berufe ggf. neu und konsistenter als bisher zu ordnen.

3. Freie Berufe und „Daseinsvorsorge"

Ob freiberufliche Dienstleistungen im allgemeinen wirtschaftlichen Interesse i.S.v. Art. 16, 86 EG bzw. Art. 14, 106 AEU ausgeübt werden, ist, soweit ersichtlich, selten Gegenstand des rechtswissenschaftlichen Diskurses gewesen.[190] Dies mag darauf beruhen, dass die Voraussetzungen für die Bereichsausnahme des Art. 106 II AEU in aller Regel (Notare möglicherweise ausgenommen) nicht erfüllt sind. Die einzelnen Berufsträger müssen insoweit von den Kammern unterschieden werden:[191] Da freiberufliche Dienstleistungen praktisch überall auch ohne Betrauung in ausreichendem Umfang und hinreichender Qualität sowie zu angemessenen Preisen erbracht werden können, erscheinen Beschränkung oder Ausschluss des Wettbewerbs – finanzielle Zuschüsse möglicherweise ausgenommen – unverhältnismäßig. Ein Rekurs auf Art. 106 II AEU (der einen Betrauungsakt, nach deutschem Verständnis also Beleihung voraussetzt)[192] würde überdies das Ideal von der (Staats-)Freiheit dieser Berufsgruppe auch ad absurdum führen. Nur ausnahmsweise, wo der Markt keinen hinreichenden Anreiz für die Erbringung der Dienstleistung bietet, kommen als ultima ratio eine Monopolisierung oder wenigstens finanzielle Unterstützung in Betracht.[193] Die zentrale Funktion des „Liberalisierungshebels" kann Art. 106 II AEU also, anders als bei netzgebundenen Dienstleistungen,[194] bei Freien Berufen nicht spielen.

[190] Unter den wenigen Stimmen im Schrifttum: *Lenk* (o. Fn. 129), S. 335 ff.; *Vallone* (o. Fn. 130), S. 279 ff.; BFB (o. Fn. 11), S. 28 f. Vgl. auch Schlussanträge von GA Léger in Rs. C-309/99, *Wouters* (Slg. 2002, I-1577), Rn. 176.

[191] Für Betrauung insoweit *Vallone* (o. Fn. 130), S. 279 ff., 297 ff.; *Lenk*, ebd.

[192] Vgl. *van Vormizeele*, in: Schwarze (Hrsg.), EU-Kommentar, 2. Aufl. 2009, Art. 86 EGV Rn. 60.

[193] Insoweit schließt Art. 106 II die Wirkung der Art. 102 und 107 AEU aus. – Vgl. aber Leistungen der Daseinsvorsorge – Bericht für den Europäischen Rat in Laeken, KOM(2001) 598 endg., Nr. 48 (vgl. NVwZ 2002, Beil. zu Heft 9, S. 97), wonach offene Märkte in vielen Bereichen für eine Vielzahl von Dienstleistungen im allgemeinen wirtschaftlichen Interesse optimal seien.

[194] Vgl. etwa *Kämmerer*, DVBl 2001, 1705 (1712 f.).

Dennoch ist die Frage, ob und wann freiberufliche Dienstleistungen im allgemeinen wirtschaftlichen Interesse erbracht werden, alles andere als belanglos. Ist die Subsumtion unter den „programmatischen" Art. 16 EG zumindest auslegungsrelevant für Vorschriften wie Art. 15 II oder 25 II DLRL, so scheint seit dem Inkrafttreten des Lissabonner Vertrages Art. 14 AEU zudem die Möglichkeit zu eröffnen, sekundärrechtlich „Grundsätze und Bedingungen" für das Funktionieren der Dienste von allgemeinem wirtschaftlichen Interesse festzulegen. Für Freie Berufe könnten (jeweils für sich oder in ihrer Gesamtheit) auf dieser Basis Grundsätze festgeschrieben werden, die zur Profilierung der Kategorie einen wesentlichen Beitrag leisten und somit eine *freiberufsspezifische* Europäisierung bewirken könnten – in Form von Funktionsgarantien, Vorgaben für die Gemeinwohlerfüllung oder finanziellen Gewährleistungen, um nur Beispiele zu nennen. Grundsätzlich steht der Qualifizierung der Tätigkeit von Ärzten, Apothekern, Rechtsanwälten oder Steuerberatern als Dienstleistungen im allgemeinen wirtschaftlichen Interesse nichts entgegen. Rechtsberatung und -vertretung, der Zugang zu medizinischer Hilfe und Heilmitteln, die Unterstützung bei Steuererklärungen und Bilanzen – Leistungen wirtschaftlicher Art – müssen aufgrund des überragenden allgemeinen Interesses an ihrer Erbringung in jedem Fall gewährleistet sein. Die DLRL weicht allerdings der Frage aus, ob freiberufliche Dienstleistungen im allgemeinen wirtschaftlichen Interesse erbracht werden. Art. 1 II DLRL nimmt nur die Liberalisierung solcher Dienstleistungen (i.S.v. Art. 106 III, 114 AEU) von der Richtlinie aus, ohne sie aber gegen die Beseitigung ungerechtfertigter Beschränkungen von Grundfreiheiten zu immunisieren.[195] Art. 17 Nr. 1 DLRL scheint indes darauf zu deuten, dass eine solche Zuordnung nicht gewollt ist – es sei denn, die Ausnahmevorschrift wird restriktiv in dem Sinne interpretiert, dass sie nur bei Notwendigkeit eines Betrauungsakts zum Tragen kommt.[196]

Die Signifikanz der (berufsgruppenspezifischen) Gemeinwohlorientierung streitet selbst dann dafür, „Freie Berufe" in der DLRL mit einer zumindest programmatischen Würdigung zu bedenken, wenn kein Konsens über die Zuordnung zu Art. 14 AEU erzielt wird – der Würdigung als einer den Dienstleistungen der „Daseinsvorsorge" dann zumindest ebenbürtige Kategorie. Dem Muster des Art. 16 EG folgend, könnte ein solcher Schritt, selbst wenn sie für sich genommen keine konkreten Rechtsfolgen zeitigt, doch immerhin für die Auslegung der Art. 14ff. DLRL Bedeutung entfalten.

---

[195] Vgl. Erwägungsgründe 17, 72.

[196] I.d.S. *Schmidt-Kessel,* in: Schlachter/Ohler (o. Fn. 22), Art. 17 Rn. 12.

C. Auswirkungen der Dienstleistungsrichtlinie auf die Freien Berufe

I. Verpflichtung zum „Normenscreening"

Um die Rechtsprinzipien, auf denen die DLRL aufbauen soll – Herkunftslandprinzip, Bestimmungslandprinzip oder Prinzip der gegenseitigen Anerkennung [197] – ist unter Europapolitikern und Rechtswissenschaftlern lange und engagiert gerungen und gestritten worden.[198] Die Richtlinie will nicht so sehr eigenständige Dienstleistungsregeln aufstellen als vielmehr den primärrechtlich verankerten Grundfreiheiten durch eine „Generalrevision" der nationalen Normenbestände zur effizienten Durchsetzung verhelfen. So überrascht es nicht, dass die verabschiedete Fassung, selbst was Genehmigungserfordernisse betrifft (Art. 10 DLRL), kein klares Leitprinzip mehr erkennen lässt.[199] Gleiches gilt für Art. 16 I DLRL mit Blick auf Normenprüfung,[200] die sich letztlich als eine aus drei Kontrollmechanismen – Selbstkontrolle einzelner Mitgliedstaaten („Screening"), wechselseitige Evaluierung unter den Mitgliedstaaten und externe Nachkontrolle durch die Kommission – zusammengeschmiedete Kette darstellt. Das Screening folgt, je nachdem, ob die Dienstleistungsfreiheit oder die (ebenfalls von der DLRL erfasste)[201] Niederlassungsfreiheit betroffen sind, unterschiedlichen Maßgaben. Screeningpflichten statuieren für den Bereich der Niederlassungsfreiheit Art. 9 II und 15 (sowie speziell für multidisziplinäre Tätigkeiten in Art. 25 III) DLRL. Für die Dienstleistungsfreiheit ist die entsprechende Vorgabe (Art. 39 V DLRL) weicher formuliert, das

---

[197] Vgl. nur *Streinz/Leible,* in: Schlachter/Ohler (o. Fn. 22), Einl., Rn. 7, 48.

[198] Insbesondere das geplante Herkunftslandprinzip wurde kritisiert; vgl. nur *Mankowski,* IPrax 2004, 385 (386 ff.); *Basedow,* EuZW 2004, 423 (424); *Schlichting/Spelten,* EuZW 2005, 238 (240); *Streinz/Leible,* in: Schlachter/Ohler (o. Fn. 22), Einl., Rn. 53 ff. m. w. N.; vgl. auch *Albath/Giesler,* EuZW 2006, 38 (41 f.).

[199] Vgl. auch *Lemor/Haake,* EuZW 2009, 65 (69); Rn. 64 („durch Anerkennungspflichten modifiziertes Bestimmungslandprinzip"; a. A. offenbar *Henssler,* AnwBl 2009, 1 (3).

[200] Vgl. *Hatje,* NJW 2007, 2357 (2361 f.).

[201] Europäische Kommission, Handbuch zur Umsetzung der Dienstleistungsrichtlinie, 2007, Punkt 10.2.; vgl. auch *Cornils,* in: Schlachter/Ohler (o. Fn. 22), Art. 15 Rn. 1.

Pflichtenkorsett jedoch rigider. Insoweit ist das Screening als kontinuierliches angelegt, während die systematische Normenprüfung bei der Niederlassungsfreiheit nur ein einziges Mal stattfinden muss (Art. 15 V, 39 I DLRL).[202] Auch unterliegen Beschränkungen der Dienstleistungsfreiheit, wie zu zeigen sein wird, strengeren Rechtfertigungsmaßstäben, als dies bei der Niederlassungsfreiheit der Fall ist.

II. Systematik und Wirkungsweise der materiellrechtlichen Vorgaben

Ein Screening ist nach der DLRL nur durchzuführen, wo ihr Geltungsbereich eröffnet ist. Die primärrechtlichen Grundfreiheiten bleiben für Konstellationen, die nicht darunter fallen, unberührt. Auch sie verpflichten die Mitgliedstaaten, sich kontinuierlich der Europarechtskonformität von ihnen erlassener Rechtsnormen zu vergewissern, wenn auch eben nicht in dem von Art. 39 DLRL vorgezeichneten Verfahren.[203] So gesehen, findet Screening auch bisher schon zwar nicht systematisch, doch „ad hoc" statt, sobald eine staatliche Stelle mit der Anwendung einer Vorschrift befasst ist. Wird sie für europarechtswidrig erachtet, so darf sie nach allgemeinen Vorrangregeln nicht mehr angewandt werden.[204] Wie alle neueren EG/EU-Richtlinien sind die BQRL und die DLRL „staatsangehörigkeitsneutral" formuliert und setzen einzig im Grundsatz voraus, dass die Beteiligten Unionsbürger sind.[205] Spiegelbild dieser Vorgabe ist ein absolutes (und damit im Verhältnis zum Primärrecht strengeres)[206] Verbot der – offenen wie verdeckten – Diskriminierung bzw. Unterscheidung nach der Staatsangehörigkeit.[207]

Indes werden gerade freiberufliche Tätigkeiten in einigen Fällen gar nicht von der DLRL erfasst: gem. Art. 2 lit. f diejenigen der Ärzte und Zahnärzte, Hebammen, Psychologen und Heilpraktiker, kurz alle gegenüber Patienten erbrachten Gesundheitsdienstleistungen

---

[202] Kommission, Handbuch (o. Fn. 201), S. 66.

[203] Vgl. *Kahl,* in: Calliess/Ruffert (o. Fn. 121), Art. 10 EGV Rn. 24.

[204] EuGH, Rs. 103/88, *Costanzo,* Slg. 1989, 1839, Rn. 28 ff.; Rs. C-431/92, *Großkrotzenburg,* Slg. 1995, I-2189, Rn. 37 ff.; Rs. C-24/95, *Alcan II,* Slg. 1997, I-1591, Rn. 38; *Wegener,* in: Calliess/Ruffert (o. Fn. 121), Art. 220 EGV Rn. 28.

[205] Vgl. *Kämmerer,* EuR 2008, 45 (55).

[206] So zutreffend *Korte,* NVwZ 2007, 501 (505); *Schmidt-Kessel,* in: Schlachter/Ohler (o. Fn. 22), Art. 16 Rn. 45, 48.

[207] Art. 15 III lit. a, Art. 16 I lit. a DLRL; auch für Dienstleistungsempfänger, Art. 20 I DLRL.

(die der Tierärzte also nicht),[208] außerdem – wie Art. 2 lit. l DLRL verfügt – die der Notare. Darüber hinaus sind nach Art. 2 lit. i DLRL Tätigkeiten,[209] die mit der Ausübung öffentlicher Gewalt verbunden sind, vom Anwendungsbereich der Richtlinie ausgenommen. Zwar wird hiermit nur die Geltung der primärrechtlichen Bereichsausnahme des Art. 51 AEU bestätigt; wie weit diese in den Bereich der Freien Berufe hineingreift, wird aber ausgesprochen kontrovers beurteilt (hierzu infra C V). Andere Freie Berufe unterliegen im Grundsatz zwar der Richtlinie, doch finden mitunter, sofern nicht Subsidiaritätsklauseln gelten (Art. 3 I DLRL), bereichsbezogene Ausnahmen Anwendung (Art. 17 DLRL), über deren Umfang auch nicht durchweg Klarheit herrscht (infra C III). Die materiellrechtliche Anknüpfung bestärkt damit den bereits durch die Terminologie vermittelten Eindruck, dass die DLRL den Freien Berufen nicht feindlich, aber doch indifferent gegenüber steht: Auf eine Magna Charta der Freiberuflichkeit muss Europa weiter warten.

1. Unterscheidung zwischen Niederlassung und Dienstleistungserbringung

Die DLRL gestaltet die durch den EG- bzw. AEU-Vertrag eingeräumten Freiheiten der Niederlassung und der Dienstleistungserbringung an sich nur aus.[210] Ihre Screening-Tatbestände beruhen auf einem abstrakten Verdacht ihrer Beschränkung, die jedoch nicht unwiderleglich unterstellt werden kann, ebenso wenig wie dies bei einer festgestellten Beschränkung für die Rechtswidrigkeit der Maßnahme gilt. Die Verschärfung auch materiellrechtlicher Maßstäbe im Verhältnis zum Primärrecht[211] stößt auf rechtsdogmatische Bedenken,[212] die hier indes nicht weiter erörtert werden können: Als Beschränkungen rechtfertigende Gemeinwohlgründe werden nur die öffentliche Ordnung bzw. Sicherheit – d.h. die tatsächliche und hinreichend schwere, ein Grundinteresse der Gesellschaft berührende

---

[208] Vgl. Erwägungsgrund 22; *Krames,* in: Schlachter/Ohler (o. Fn. 22), Art. 2 Rn. 53, 58, 60; Kommission, Handbuch (o. Fn. 201), S. 13.

[209] Die Kommission (Handbuch [o. Fn. 201], S. 13) betont zwar, dass diese Ausnahme nur Tätigkeiten und nicht ganze Berufe erfasst, doch ist eine Ausstrahlung der Bereichsausnahme auf einen Beruf als solchen denkbar (vgl. infra C V).

[210] Näher *Streinz/Leible,* in: Schlachter/Ohler (o. Fn. 22), Einl., Rn. 74ff. m.w.N.

[211] Dazu insbes. *Korte,* EWS 2007, 246 (250f.).

[212] *Streinz/Leible,* in: Schlachter/Ohler (o. Fn. 22), Einl., Rn. 93f. (mit Einschränkung, soweit die RL – wie bei strengeren Verboten – „freiheitserweiternd" wirkt; so auch *Korte,* EWS 2007, 246 [254]).

Gefährdung von Rechtsgütern[213] –, die öffentliche Gesundheit (vgl. Art. 52 AEU) sowie der Schutz der Umwelt akzeptiert (Art. 16 I lit. b, III DLRL). Außer Diskriminierungen sind auch Maßnahmen, die unter die „schwarze Liste" des Art. 16 II DLRL fallen, abweichend vom Primärrecht[214] überhaupt keiner Rechtfertigung zugänglich.[215] (Nach der Gegenmeinung,[216] die Art. 16 III 1 auf Art. 16 II DLRL beziehen will, würde die Richtlinie insoweit überhaupt keine signifikant strengeren Maßstäbe als der AEU-Vertrag aufstellen.) Bei Beschränkungen der Niederlassungsfreiheit ist Mitgliedstaaten breiterer Spielraum gewährt; im Gegenzug fallen die Regelungen komplexer aus. Auch für sie wurde eine schwarze Liste unzulässiger Anforderungen geschaffen (Art. 14 DLRL). Diese sind zu beseitigen, ohne dass das formale Screening i.S.d. Art. 15 II, III, Art. 39 I DLRL zur Anwendung kommt. Eine dem Art. 16 I DLRL vergleichbare abstrakte Verbotsnorm aber findet sich für Beschränkungen der Niederlassungsfreiheit nicht. Zwar sind auch insoweit, anders als nach Art. 49 AEU, Diskriminierungen unzulässig. Doch sind die Tatbestände, die dem Normenscreening unterliegen, enumerativ beschränkt.[217] Im Gegenzug wiederum kennt die Niederlassungsfreiheit keinen Katalog von Ausnahmen wie nach Art. 17 DLRL für die Dienstleistungsfreiheit. Andere Vorschriften haben also nur Vorrang vor der DLRL, sofern allgemeine (lex posterior, lex specialis) oder spezielle Konkurrenzregeln (Art. 3 I DLRL) diesen anordnen. Aus dem strukturellen Dualismus von Niederlassung und bloßer Dienstleistungserbringung brechen die Vorschriften zur Dienstleistungsqualität im Kapitel V der Richtlinie aus. Insoweit gelten insbes. für Restriktionen der beruflichen Werbung (Art. 24

---

[213] EuGH, Rs. 36/75, *Rutili,* Slg. 1975, 1219, Rn. 26/28; Rs. C-355/98, *Kommission/Belgien,* Slg. 2000, I-1221, Rn. 28; *Schmidt-Kessel,* in: Schlachter/Ohler (o. Fn. 22), Art. 16 Rn. 35.

[214] Vgl. *Roth,* Die Dienstleistungsrichtlinie und der Verbraucherschutz, in: Leible (Hrsg.), Die Umsetzung der Dienstleistungsrichtlinie – Chancen oder Risiken für Deutschland, 2008, S. 205 (215).

[215] *Calliess,* DVBl 2007, 336 (342); *Schmidt-Kessel,* in: Schlachter/Ohler (o. Fn. 22), Art. 16, Rn. 52; *Waschkau,* EU-Dienstleistungsrichtlinie und Berufsanerkennungsrichtlinie, 2008, S. 178 f.; *Korte,* Der Unternehmer als Gewinner der Dienstleistungsrichtlinie?, in: Kieler Doctores Iuris e.V. (Hrsg.), Die Dienstleistungsrichtlinie der Europäischen Union und ihre Auswirkungen in Wirtschaft und Verwaltung, 2009, S. 33 (54 ff.); nicht eindeutig Kommission, Handbuch (o. Fn. 201), 46.

[216] Z.B. *Hatje,* NJW 2007, 2357 (2362); dagegen ausführlich *Korte,* a.a.O. – Allerdings bleiben primärrechtliche Bedenken gegen die Zulässigkeit von Anforderungen, die über das Primärrecht hinausgehen (selbst wenn Art. 16 II DLRL – so die Europäische Kommission – die EuGH-Judikatur weitgehend abbildet; KOM-Handbuch [o. Fn. 201], 46), da Art. 53 EG bzw. Art. 60 AEU dies nur auf freiwilliger Basis gestatten.

[217] Art. 9 I lit. a, Art. 15 II, III lit. a DLRL.

DLRL) und der sozietären Kooperation (Art. 25 DLRL) spezielle Rechtfertigungsvorgaben (infra 2 IV 2a, 4).

2. Dilemma zwischen Deregulierung und Inländerbenachteiligung?

Die Europäisierung des Dienstleistungsrechts kann Deutschland aufgrund des Rückkoppelungseffekts zwischen Verfassungs- und Europarecht in ein Dilemma stürzen, aus dem es sich u.U. nur durch Preisgabe freiberuflicher Ordnungsmodelle befreien kann. Denn die DLRL untersagt ohne Ausnahme die Benachteiligung von Unionsbürgern fremder Staatsangehörigkeit. Nichtdiskriminierende Beschränkungen der Dienstleistungsfreiheit sind, wie gezeigt, nur nach Maßgabe bestimmter Kriterien zulässig. Erstrecken sich Ordnungsvorgaben für Freie Berufe auch auf im Ausland ansässige Dienstleistungserbringer, stellen sie in jedem Fall eine Beschränkung dar, die nach Maßgabe der DLRL praktisch nur mit zwingenden Gründen der öffentlichen Sicherheit und Ordnung (im eng verstandenen europarechtlichen Sinne)[218] zu legitimieren ist. Auf freiberufstypische Ordnungsmaßstäbe, wie z.B. Gebührenrahmen, hinter denen ein Interesse an sozialem Ausgleich, beruflicher Strukturierung oder Schutz von Dienstleistungsempfängern stehen mag, trifft dies in der Regel nicht zu. Um vor der DLRL Bestand zu haben, müssen sie des grenzüberschreitenden Bezuges entbehren. Selbst Restriktionen, die ausschließlich Inländer betreffen, können bei Wegzugsrelevanz als nichtdiskriminierende Beschränkungen einer Grundfreiheit gelten, wenn sie Deutsche von Fortzügen faktisch abhalten oder die Zahl der von Deutschen im Ausland erbrachten Dienstleistungen abnimmt.[219] Bei der Dienstleistungsfreiheit ist dies evident, weil auch die Freiheit des an solchen Dienstleistungen und ihren Konditionen interessierten Kunden in Betracht gezogen werden muss. Insofern wohnt selbst auf eigene Staatsangehörige beschränkten nachteiligen Regelungen das Potenzial inne, Grundfreiheiten zu verletzen – was nur belegt, wie schillernd der Topos der „Inländerdiskriminierung“ ist.[220] Und selbst wo Europarechtsvorschriften nicht berührt oder nicht verletzt sind, kann die Benachteiligung eigener Staatsangehöriger um der Beibehaltung eines Regelungsmodells willen mit verfassungsrechtlichen Gleichheitsvorschriften (Art. 3 I i.V.m. Art. 12 I

[218] *Schmidt-Kessel,* in: Schlachter/Ohler (o. Fn. 22), Art. 16 Rn. 34, 35.

[219] EuGH, Rs. C-109/94, *Kranemann,* Slg. 2005, I-2421, Rn. 26; Rs. C-9/02, *Lasteyrie du Saillant,* Slg. 2004, I-2409, Rn. 42, 45; Rs. C-196/04, *Cadbury Schweppes,* Slg. 2006, I-7995, Rn. 42.

[220] Grundlegend *Epiney,* Umgekehrte Diskriminierungen, 1995; krit. *Kämmerer,* EuR 2008, 45 (49ff.).

GG) in Konflikt geraten.[221] So kann am Ende die Zerschlagung des Gordischen Knotens und der Verzicht auf ein Regulierungskonzept (sofern dies mit verfassungsrechtlichen Schutzpflichten zu vereinbaren ist) ohne Alternative sein. Der auf dem Mitgliedstaat lastende Deregulierungsdruck ist offenkundig.

Die jüngste HOAI-Novelle steht exemplarisch für dieses Dilemma und den von der DLRL über das Verfassungsrecht ausstrahlenden Druck. Cum grano salis lassen sich die hier gemachten Beobachtungen auf Steuerberater, Wirtschaftsprüfer und auch Rechtsanwälte übertragen, um so mehr, als ausländische Dienstleistungserbringer keinem Lokalisationsprinzip unterworfen werden dürfen. Inwieweit rechtsstaatliche Grundsätze (Justizgewährleistung) Maßnahmen zum Schutz des Dienstleistungsmarktes stützen können, ist offen. Architekten und Ingenieure mit Sitz im Ausland sind von der Geltung der HOAI ausgenommen worden, da eine sie einschließende Regelung vor Art. 16 I 3 lit. b DLRL nicht Bestand haben könne.[222] Für Dienstleistungserbringer mit Sitz im Inland – in der Regel deutsche Staatsangehörige – bleibt es bei der Geltung der HOAI und ihren Mindest-Honorarsätzen, und zwar auch dann, wenn die Leistungen im Ausland, aber „vom Inland aus" erbracht werden (§ 1 HOAI n.F.). Mit dieser Vorgabe scheint der Gesetzgeber sich dem Europarecht gefügt zu haben, sich tatsächlich durch Inkonsequenz aber in eine Zwickmühle manövriert, wobei er weder verfassungs- noch europarechtlichen Vorgaben vollkommen genügen kann.[223] Schutzziel der HOAI ist laut Verordnungsgeber die Vermeidung eines ruinösen Preiswettbewerbs.[224] Ob es erreicht werden kann, bemisst sich danach, ob und mit welchem Inhalt andernorts Honorarregelungen existieren – was auf die meisten Mitgliedstaaten aber nicht zutrifft.[225] So könnten infolge von § 1 HOAI n.F. Leistungen deutscher Architekten und Ingenieure wegen der Mindestsatzregelung weniger nachgefragt werden, ein Umstand, der sich als Beschränkung des grenzüberschreitenden Dienstleistungsverkehrs manifestiert. Wenn der ausländische Mit-

---

[221] Dazu *Luch/Schulz,* in: Schliesky (Hrsg.), Die Umsetzung der EU-Dienstleistungsrichtlinie, 2008, Bd. I, S. 33 (46 ff.) m. w. N.; *Riese/Noll,* NVwZ 2007, 516 (520 f.).

[222] BR-Drs. 395/09, S. 145, 158 – Zum Wegfall des Lokalisationsprinzips bei Rechtsanwälten vgl. *Busse* (o. Fn. 44), S. 538 ff. m. w. N.

[223] Kritisch auch *Averhaus,* NZBau 2009, 473 (474).

[224] BR-Drs. 395/09, S. 150.

[225] Wohl nur noch Griechenland und Deutschland, z. T. werden noch weitere Länder genannt, vgl. *Schramm/Schwenker/Wessel,* ZfBR 2008, 427 (428, Fn. 27), unter Verweis auf ein „Kurzstatement" von BAK, BIngK und AHO v. 22. 5. 2003; ferner vgl. Antwort der Bundesregierung auf eine Anfrage u.a. der CDU/CSU-Fraktion, BT-Drs. 15/1477, 4; Vgl. auch Statusbericht 2000plus Architekten/Ingenieure (in Auftrag gegeben von BMWI), S. 2–32 ff. (http://www.bak.de/userfiles/bak/HOAI/kapitel_02.pdf).

gliedstaat, in dem die Dienstleistung erbracht wird, schon seine eigenen Architekten und Ingenieure keinen Honorarvorgaben unterwirft, können Vorschriften wie § 1 i.V.m. § 3 I HOAI gegen ruinösen Wettbewerb vom Inland her nicht mehr in Stellung gebracht werden. Europarechtlich unbedenklich wäre allenfalls eine Regelung, die „vom Inland aus erbrachte" Auslandsleistungen deutscher Dienstleistungserbringer vom HOAI-Gebührenrahmen ausschlösse.

Was vom Inland aus und dort auch erbrachte Dienstleistungen betrifft, soll laut Verordnungsgeber die Differenzierung zwischen inländischen und ausländischen Anbietern gerechtfertigt sein, weil deren realer Marktanteil *quantité négligeable*, also „statistisch praktisch nicht messbar" sei.[226] Dieses Argument verfängt nicht: Erbringung von Architekten- und Ingenieursleistungen durch im Ausland Ansässige ist kein atypischer Sachverhalt, der bei pauschalierenden Regelungen übergangen werden kann,[227] sondern eine im Dienstleistungs-Binnenmarkt erstrebte und durchaus *typische* Konstellation, die nur aus rechtlichen Gründen nicht in den Geltungsbereich der Norm einbezogen werden *darf*. An einem im Lichte des Art. 3 I GG stichhaltigen Differenzierungsgrund mangelt es auch, weil das Marginalitätsargument in sich widersinnig ist: Die rechtliche Bevorzugung von Ausländern, die der Gesetzgeber in Kauf nimmt, eignet sich objektiv, um deren Marktanteil jenseits der Schwelle der Geringfügigkeit zu heben, die aber wiederum zur Rechtfertigung der Ausnahme angeführt wird. Nimmt die Zahl der nicht an die HOAI gebundenen Dienstleistungserbringer (u.a. auch infolge der Niederlassung Deutscher im Ausland) signifikant zu, kann es geradezu geboten erscheinen, die deutschen Architekten und Ingenieure am Preiswettbewerb mit diesen partizipieren zu lassen, um sie nicht der Gefahr des Ruins auszusetzen.

III. Ausnahmen von der Dienstleistungsfreiheit

Während das Normenscreening im Bereich der Niederlassungsfreiheit von vornherein auf eine beschränkte Zahl von Tatbeständen bezogen ist, durchbricht die Richtlinie die entsprechenden Vorgaben zur *Dienstleistungsfreiheit* durch diverse Binnenausnahmen, von de-

[226] BR-Drs. 395/09, S. 147; krit. *Kirberger*, BauR 2009, 379 (381); *Messerschmidt*, NZBau 2009, 473 (474); Verfassungskonformität offen gelassen von *Scholtissek*, NJW 2009, 3057 (3058).

[227] Voraussetzung ist die Unvermeidbarkeit von Härten: BVerfGE 63, 119 (128 ff.) – st. Rspr.

nen einige freiberufliche Tätigkeiten direkt ansprechen. Über die Reichweite der Ausnahmetatbestände besteht angesichts des mitunter kargen Wortlauts der Katalogtatbestände nicht immer Klarheit. Nur am Rande sei auf den Vorrang der BQRL vor der DLRL hingewiesen, der durch die Kollisionsregelung des Art. 3 I lit. d und die Subsidiaritätsklausel des Art. 17 Nr. 6 Var. 1 DLRL zum Ausdruck gebracht wird. Die Beschränkung der normativen Wirkung der DLRL ist allerdings limitiert auf die von Titel II BQRL („Dienstleistungsfreiheit") tatsächlich erfassten Fragen,[228] so dass zwischen beiden Richtlinien eine Komplementärbeziehung hergestellt wird. Im Übrigen betrifft die BQRL nur reglementierte (Art. 3 I lit. a) und damit auch die meisten Freien Berufe (Art. 2 I), sofern für sie keine Sonderregelung gilt (Art. 2 III BQRL). Beschränkungen der Dienstleistungsfreiheit aufgrund der Berufsqualifikation sind nach Art. 5 BQRL bei reglementierten Berufen grundsätzlich unzulässig. Problematischer sind Ausnahmen, welche Art. 17 DLRL für einzelne berufliche Tätigkeiten oder Berufe ausspricht, weil ihr Anwendungsbereich umstritten ist und sie auf Normen verweisen, die außerhalb des von der Lissabon-Strategie geprägten Normensystems stehen, insbesondere diejenigen für Rechtsanwälte und Wirtschaftsprüfer. Für andere Berufe, darunter Steuerberater, können solche Ausnahmen nicht in Anspruch genommen werden.

1. Rechtsanwälte

Vom Anwendungsbereich des Art. 16 DLRL sind Rechtsanwälte nach Maßgabe des Art. 17 Nr. 4 ausgenommen. Für dessen Deutung als generelle Exemption vom Anwendungsbereich der DLRL im Bereich der Dienstleistungsfreiheit spricht, dass auch die BQRL Rechtsanwälte der Sache nach nicht erfasst, sondern den Bestimmungen der Anwaltsrichtlinien 77/249/EWG und 98/5/EG Vorrang zuerkennt (Erwägungsgrund 42; Art. 2 III). Die Spezialität dieser Vorschriften – die bei Art. 17 Nr. 6 DLRL im Wege der „Weiterverweisung" ebenfalls zum Tragen kommen müsste – setze sich über Art. 17 Nr. 4 DLRL für das gesamte Tätigkeitsspektrum der Rechtsanwälte vollinhaltlich durch, so dass Art. 16 DLRL insgesamt, und damit auch Art. 39 V DLRL, nicht anwendbar sei.[229] Nach der Gegenauffassung,

---

[228] Zulassungsaspekte, Mitgliedschaft in Berufsorganisation, Melderecht, Berufsbezeichnung etc. – Vgl. *Schmidt-Kessel,* in: Schlachter/Ohler (o. Fn. 22), Art. 17 Rn. 38 (gegen *Steggewentz,* DStR 2007, 271 [272]).

[229] *Schmidt-Kessel,* in Schlachter/Ohler (o. Fn. 22), Art. 17 Rn. 64, *Kopp,* GPR 2008, 54 (60); *Grunewald,* Was bleibt vom Standesrecht der beratenden freien Berufe?, in: Leible (o. Fn. 214), S. 175 (176).

die sich die Satzungsversammlung bei der Bundesrechtsanwaltskammer (BRAK) mehrheitlich zu Eigen gemacht hat, muss Art. 17 Nr. 4 DLRL teleologisch reduziert werden: Die Anwendung des Art. 16 DLRL sei nur insoweit ausgeschlossen, als die RL 77/249/EWG[230] einen die Dienstleistungsfreiheit betreffenden Gegenstand *tatsächlich* regle.[231] Für diese Deutung als Teilausnahme werden das umfassende Liberalisierungsziel der DLRL, aber auch Art. 3 I 1 DLRL angeführt: Die Ratio des grundsätzlichen Vorrangs der BQRL würde in Frage gestellt, wenn eine Detailvorschrift wie Art. 17 Nr. 4 darüber hinausgreifend eine (wenn auch auf die Dienstleistungsfreiheit beschränkte) Totalausnahme statuierte.[232] Gegen die Totalausnahme-These wird auch Art. 17 Nr. 4 DLRL in Stellung gebracht, der sich – anders als der insoweit einschlägige Art. 2 II DLRL – nur auf „Angelegenheiten" (matières, matters, materias, aangelegenheiden) der Richtlinie 77/249/EWG bezieht, nicht aber auf „Tätigkeiten" (activités, activities, actividades, activiteiten) und damit Berufe als solche.[233] Dem wird entgegnet, der Richtlinie als solcher und damit auch Art. 17 Nr. 4 liege sehr wohl ein tätigkeitsbezogener Ansatz zugrunde, weshalb „Angelegenheiten" das gesamte Tätigkeitsspektrum des Rechtsanwalts erfassten.[234] Überdies hätte die Geltung der Dienstleistungsfreiheit i. S. d. DLRL zur Folge, dass ihre Beschränkungen nur noch nach Maßgabe des Art. 16 II lit. b DLRL zulässig seien – der die ordnungsgemäße Rechtspflege aber, ganz im Gegensatz zur Niederlassungsfreiheit, nicht einschließe. Für die Verfechter der Totalausnahme ist die Gegenmeinung insofern mit einem Wertungswiderspruch behaftet: Anforderungen der ordnungsgemäßen Rechtspflege könnte wohl der niedergelassene, aber nicht der ausschließlich Dienstleistungen erbringende europäische Anwalt unterworfen werden.[235]

Diese strengere Behandlung der Dienstleistungsfreiheit entspricht aber durchaus der Logik der Richtlinie: Nur wer fest in das inländische Dienstleistungssystem integriert ist, braucht sämtliche Standards getreulich zu erfüllen. Es ist konsequent, wenn die DLRL die Rechtfertigungsfähigkeit anderer Fälle auf Gesichtspunkte der öffentlichen Ordnung, Sicherheit, Gesundheit und des Umweltschutzes beschränkt. Kein Hinweis findet sich darauf, dass der europäi-

[230] Die RL 98/5/EG ist allerdings nicht ausdrücklich in Bezug genommen.

[231] So Bundesrechtsanwaltskammer, Satzungsversammlung, Bericht über die Ergebnisse des Unterausschusses „Normenscreening" der 4. Satzungsversammlung vom 24. 2. 2009, S. 22 ff.; Europäische Kommission, Handbuch (o. Fn. 201), S. 65.

[232] SV BRAK (o. Fn. 231), S. 24.

[233] Ebd.

[234] SV BRAK, Abweichende Stellungnahme zum Bericht des Unterausschusses „Normenscreening" der 4. Satzungsversammlung vom 24. 2. 2009, Nr. 6.

[235] Ebd., Nr. 4.

sche Gesetzgeber mit Art. 17 Nr. 4 DLRL speziell für Rechtsanwälte einen im Übrigen gar nicht dem Normzweck entsprechenden Rechtfertigungs-Gleichklang zwischen Dienstleistungs- und Niederlassungsfreiheit habe herstellen wollen. Ohnehin wohnt Erfordernissen wie „ordnungsgemäße Rechtspflege" die Gefahr inne, dass die konkrete und tradierte Ordnung, behängt mit dem „Hermelin des öffentlichen Interesses" *(Schuppert),* für selbstreferenziell erachtet und zur Rechtfertigung ihrer selbst angeführt wird.[236] „Regulatory capture", also die Ausstrahlung traditionsgebundenen Selbstverständnisses auf die Aufsichtsinstanzen, kann solchen Entwicklungen Vorschub leisten.[237] Traditions- oder Authentizitätsargumenten den Stachel zu nehmen, zählte zu den Bestrebungen, welche die Kommission mit der DLRL verband. Nach alledem ist die Deutung des Art. 17 Nr. 4 DLRL als Ausnahme, die auf den konkreten Inhalt der RL 77/249/EWG beschränkt ist, überzeugender. Die Satzungsversammlung der BRAK hat gemäß Art. 39 V DLRL die Vorgaben der Richtlinie zur Dienstleistungsfreiheit beim Normenscreening mithin insoweit zu berücksichtigen, als die RL 77/249/EWG keine Regelungen trifft.[238] Darin nicht ausdrücklich geregelt sind z.B. Verbote des Niederlassungserfordernisses, des Genehmigungserfordernisses und der Infrastrukturvorgaben (Art. 16 II lit. a–c DLRL). Die Richtlinie 98/5/EG spricht einzelne dieser Fragen an, jedoch nur für die Niederlassung zugelassener Rechtsanwälte. Dass im dritten Kapitel der DLRL gleichwohl kein Vorbehalt zugunsten der RL 98/5/EG ausgesprochen ist, stützt die enge Auslegung des Art. 17 Nr. 4 DLRL. Kurzum: Die Feststellung, dass die RL 77/249/EG das gesamte Tätigkeitsspektrum der Rechtsanwälte regele[239] – denn ihre Vorschriften gehen, wenn auch relativ konzis, auf die forensische wie nicht-forensische Tätigkeit ein –, besagt für sich genommen gar nichts. Denn keineswegs beantwortet sie auch alle Rechtsfragen, die sich innerhalb des so umrissenen Spektrums im Zusammenhang mit der Dienstleistungserbringung durch Rechtsanwälte ergeben.[240]

[236] So z.B. in BVerfG (K), DNotZ 2009, 702 (707). – Krit. auch *Bettermann,* DVBl 1973, 186, 187; *Hommerich* (o. Fn. 36), S. 205, unter Bezug auf *Schuppert,* Gemeinwohl, das, in: Schuppert/Neidhardt (Hrsg.), Gemeinwohl – auf der Suche nach Substanz, 2002, S. 19 (68); außerdem *Bomba* (o. Fn. 48), S. 255f.

[237] Vor ihr warnt die Kommission: KOM(2005) 405 endg., Nr. 25.

[238] Die Richtlinie statuiert insbesondere die Pflicht des Aufnahmestaats zur Anerkennung als Rechtsanwalt (Art. 2) gemäß der dort geltenden Berufsbezeichnung (Art. 3), erklärt für die prozessuale Vertretung die Regeln des Aufnahmestaates einschließlich des Standesrechts, im Übrigen aber das Recht des Herkunftsstaates für anwendbar (Art. 4). Nach Art. 6 sind Berufsausübungsverbote für an Unternehmen gebundene Rechtsanwälte (Syndici) zulässig.

[239] *Schmidt-Kessel,* in: Schlachter/Ohler (o. Fn. 22), Art. 17 Rn. 64.

[240] So auch die SV BRAK (o. Rn. 232), S. 25f. (anhand zweier Beispiele).

2. *Wirtschaftsprüfer*

Für Wirtschaftsprüfer kann nichts grundsätzlich anderes gelten als für Rechtsanwälte.[241] Gemäß Art. 17 Nr. 13 DLRL sind zwar die Angelegenheiten, die unter die RL 2006/43/EG[242] fallen, vom Anwendungsbereich der DLRL ausgenommen – aber eben nicht sämtliche von Wirtschaftsprüfern ausgeübte Tätigkeiten. Trotz erheblich größerer Ausführlichkeit ihrer rechtlichen Bestimmungen entbehrt die Abschlussprüfungs-Richtlinie z.B. ausdrücklicher Vorgaben über grenzüberschreitende Tätigkeit von Abschlussprüfern und Prüfungsgesellschaften, sondern regelt nur die Ausbildung natürlicher Personen,[243] die Voraussetzungen für die Zulassung von Abschlussprüfern und Prüfungsgesellschaften durch die Mitgliedstaaten, die Registrierung sowie Berufsgrundsätze (Unabhängigkeit und Unparteilichkeit). Ihre Vorgaben für Qualitätssicherung (Art. 29) sind wesentlich strikter als diejenigen der DLRL und gehen deren Bestimmungen schon deswegen vor. Die RL 2006/43/EG ist zwar staatsangehörigkeitsneutral ausgestaltet (vgl. Art. 2 Nr. 1, 2, Art. 3 IV), stellt allerdings die Tätigkeit im Erbringungsmitgliedstaat unter den Vorbehalt einer speziell durch *diesen* erteilten Zulassung und führt damit abweichend von Art. 16 II lit. b DLRL eine Genehmigungspflicht ein. Eine Zulassung im europäischen Ausland wirkt nicht gegenüber allen Mitgliedstaaten. Zum Ort der Niederlassung, zu Infrastrukturerfordernissen und vertraglichen Vorgaben nimmt die RL 2006/43/EG dagegen nicht Stellung, so dass es insoweit bei der Geltung des Art. 16 II (lit. a, c, d) DLRL bleibt. Mithin kann von einer Totalausnahme trotz weitgehenden Vorrangs der Abschlussprüfungs-Richtlinie keine Rede sein.[244]

---

[241] A. A. *Grunewald* (o. Fn. 229), S. 184.

[242] ABl. Nr. L 157 v. 9. 6. 2006, S. 87.

[243] Art. 6ff. – Insoweit genießt die RL 2006/43/EG – als lex specialis und posterior – auch Vorrang vor der BQRL; vgl. *Schmidt-Kessel*, in: Schlachter/Ohler (o. Fn. 22), Art. 17 Rn. 71.

[244] Vgl. *Ohler*, in: Schlachter/Ohler (o. Fn. 22), Art. 17 Rn. 71; vgl. aber Art. 17 VI DLRL, so dass nach *Grunewald* ein verbleibendes Anwendungsfeld für Art. 16 nicht ersichtlich ist, vgl. *Grunewald* (o. Fn. 229), S. 184.

Beruf	Geltung der DL-Freiheit laut EGV	Anwendung der BQRL	Grunds. Anwendung der DLRL	Geltung des Art. 16 DLRL	Sonstiges
Notare	Str.; EuGH-Urteil wird erwartet	(-), EGr. 41	(-), Art. 2 II lit. l	(-)	Geltung des Art. 51 AEU ist streitig
Rechtsanwälte	(+)	Beschränkt (RL 77/249/EWG vorrangig)	(+)	Str.; Art. 17 Nr. 4 als Totalausnahme oder Kollisionsnorm?	Spezielle Ausübungsregeln: Art. 24 I, II, 25 DLRL
Ärzte, Heilpraktiker Therapeuten Zahnärzte	(+)	(+) Insbes. Art. 24 ff., 31 ff., 34 ff., 40 ff.	(-) (Art. 2 II lit. f)	[-]	
Apotheker	(+)	(+) Insbes. Art. 44 f.	(+)	Nur bzgl. Berufsausübung (BQRL vorrangig), Art. 17 Nr. 6	Art. 24 II DLRL; DL-Freiheit im Übrigen: Titel II BQRL
Architekten	(+)	(+) Insbes. Art. 46 ff.	(+)	Nur bzgl. Berufsausübung (BQRL vorrangig), Art. 17 Nr. 6	Art. 24 II DLRL; DL-Freiheit im Übrigen: Titel II BQRL
Steuerberater	(+)	(+)	(+)	Nur bzgl. Berufsausübung (BQRL vorrangig), Art. 17 Nr. 6	Art. 24 II, 25 DLRL; DL-Freiheit im Übrigen: Titel II BQRL
Wirtschaftsprüfer	(+)	Beschränkt (RL 2006/43/EG lex spec.)	Beschränkt (RL 2006/43/EG lex spec.)	Str.; Art. 17 Nr. 13 als Totalausnahme oder Kollisionsnorm?	Art. 24 II, 25 DLRL
Tierärzte	(+)	(+) Insbes. Art. 38 f.	(+)	Nur bzgl. Berufsausübung (BQRL vorrangig), Art. 17 Nr. 6	Art. 24 II DLRL

IV. Ausgewählte Screening-Vorgaben

Unter den Prüfungsvorgaben der DLRL sollen hier zum einen diejenigen besonders in den Blick genommen genommen werden, die sich auf zentrale Eigenschaften der Freien Berufe oder jedenfalls ihres tradierten „harten Kerns“ auswirken (Gebührenregelungen, Beteiligungsbeschränkungen). Zum anderen sind Prüfungsgegenstände von besonderem rechtlichen Interesse, bei denen sich einzelne freie Berufe voneinander erheblich unterscheiden, wie z.B. bei zulässigen Organisationsformen. Preisvorgaben und Werbebestimmungen, Zugangsvoraussetzungen, Organisationsformvorgaben und Regelungen über die berufsübergreifende Zusammenarbeit waren auch Regelungsfelder, bei welchen die Kommission 2004 Liberalisierungsbedarf diagnostizierte.[245] Berufmonopole sind nicht Gegenstand dieser Betrachtung. In ihrem Mittelpunkt stehen gesetzliche Bestimmungen, während auf Satzungsvorschriften nur kursorisch und punktuell eingegangen werden kann.

Die meisten der hier behandelten Rechtsprobleme stehen im Zusammenhang mit der Niederlassungsfreiheit. Dies hat, was die Freien Berufe betrifft, auch empirische Ursachen. Die in der Regel persönliche Leistungserbringung setzt dem grenzüberschreitenden Dienstleistungsverkehr Grenzen. Hinzu kommt, dass Vorläufervorschriften wie die BQRL, aber auch z.B. die Anwaltsrichtlinien, Barrieren für die grenzüberschreitende Dienstleistungserbringung schon abgebaut haben, wobei solche, die an der Berufsqualifikation anknüpfen, ohnehin nach Maßgabe der BQRL bestehen bleiben dürfen.

1. *Rechtsformbeschränkungen*

a) Grundlagen

Art. 15 II lit. b DLRL ordnet die Überprüfung von Vorschriften an, die eine bestimmte Rechtsform (Organisationsform) anordnen. Der Ausschluss spezifischer Rechtsformen – bei Freien Berufen weit üblicher –, muss sachlogisch mit umfasst sein.[246] Hingegen fallen Fremdbesitzverbote einschließlich gesellschaft*er*bezogener Bestimmungen, die z.B. etwa auf bestimmte Weise konstituierte Personen – wie Kapitalgesellschaften – von der Beteiligung an Freiberuflergesellschaften fernhalten, unter Art. 15 II lit. c DLRL.[247] Beide Vorschriften nehmen auf die Niederlassungsfreiheit (Art. 49 AEU) in ihrer Ausprägung als Beschränkungsverbot Bezug: Es ist nicht schlechterdings ausgeschlossen, dass Organisations- und Beteiligungsrestriktionen ausländische Diensteanbieter von der Niederlassung in Deutschland abschrecken[248] – weil erhoffte Steuer- und Effizienzvorteile nicht realisiert werden können oder einer bereits im Ausland gegründeten Gesellschaft der grenzüberschreitende Wechsel des tatsächlichen Geschäftssitzes versagt bleibt. Insoweit

[245] KOM(2004) 83 endg., S. 5.

[246] A. A. *Waschkau* (o. Fn. 215), S. 147f.

[247] Anders *Cornils*, in: Schlachter/Ohler (o. Fn. 22), Art. 15 Rn. 11; im Ergebnis ändert sich hierdurch allerdings nichts.

[248] Vgl. EuGH, Rs. C-531/06, *Kommission/Italien*, Urt. v. 4. 7. 2009, Rn. 44.

ist vielfach auch die Kapitalverkehrsfreiheit (Art. 63 AEU) betroffen.[249] Überdies greifen Rechtsformbeschränkungen in die durch Art. 12 I GG geschützte Freiheit der beruflichen Betätigung ein, zu der auch die Wahl der berufsangemessenen Organisation gehört.[250]

Gemeinschaftliche Berufsausübung wird bei Freien Berufen durch vielgestaltige Organisationsformbeschränkungen kanalisiert. Ein besonders strenges Rechtsformverbot gilt für *Notare*, deren Sozietäten lediglich die BGB-Gesellschaft zu Gebote steht.[251] Den „halbgewerblichen" *Apothekern* steht außerdem die OHG zur Verfügung (§ 8 ApoG), die PartG jedoch nicht. *Steuerberater* und *Wirtschaftsprüfer* kann der Zusammenschluss zu Kapitalgesellschaften und unter dem bereits umrissenen Treuhändervorbehalt (supra B II c) auch zu Personenhandelsgesellschaften (insbes. GmbH & Co. KG) gestattet werden. *Rechtsanwalts*gesellschaften dürfen sich laut § 59c I BRAO als GmbH konstituieren; diese hat strengen gesellschaftsrechtlichen ebenso wie berufsrechtlichen Zulassungs- (§§ 59g, 59h BRAO) und Organisationsvorgaben – betreffend Niederlassung, Versicherung, Firma etc. (§§ 59i ff. BRAO) zu genügen. (Ähnliche Regeln gelten für Patentanwälte, §§ 52c ff. PatAnwO.) Nach Maßgabe der verfassungsrechtlich geschützten Organisationsfreiheit (Art. 12 I GG) erklärte die Rechtsprechung jedoch auch die Errichtung von Aktiengesellschaften für statthaft, die, solange der Gesetzgeber sich nicht zur Schließung der erkannten Gesetzeslücke durchringt, sogar genehmigungsfrei erfolgen darf.[252] Ob auch Personenhandelsgesellschaften wie die KG, insbesondere als GmbH & Co., gebildet werden können, legt der Gesetzeswortlaut zwar nicht offen. Ein Verbot solcher Formen ergibt sich jedoch aus § 161 I HGB, der den Betrieb eines Handelsgewerbes voraussetzt,[253] so dass Art. 12 I GG insoweit für den interpretatorischen Lückenschluss nicht bemüht werden kann. Die Unzulässigkeit speziell der GmbH & Co. KG folgt aus der Zusammenschau von § 59a I und § 59c II BRAO.[254] Inwieweit schließlich *ärztliche und zahnärztliche* (Gemeinschafts-)Praxen als Aktiengesellschaften – wie z.B. in der

---

[249] Zur Idealkonkurrenz von Niederlassungs- und Kapitalverkehrsfreiheit *Bröhmer,* in: Calliess/Ruffert (o. Fn. 121), Art. 56 EGV Rn. 16ff.

[250] Grundlegend *Mestmäcker,* FS Westermann, 1974, S. 411 (415ff.).

[251] Dabei bleibt das öffentliche Amt von der Verbindung unberührt, vgl. *Görk,* in: Schippel/Bracker, BNotO, 8. Aufl. 2006, § 9, Rn. 2.

[252] BayObLG, NJW 2000, 1647, BGH, NJW 2005, 1568 (1569f.); dazu *Henssler,* AnwBl 2005, 374 (374f.); für grenzüberschreitende Rechtsanwalts-AG *ders.,* NJW 2009, 950ff.

[253] A.A. *Römermann,* AnwBl 2008, 609 (610); wie hier im Grundsatz *Henssler,* FS Kreutz, 2010, S. 635 (637f.).

[254] *Henssler,* FS Kreutz, 2010, S. 635 (644f.).

Schweiz verbreitet[255] – konstituiert werden könnten, ist offen, da landesrechtliche Restriktionen, so sie existieren, nur auf die GmbH bezogen sind;[256] insoweit jedenfalls wird die Zulässigkeit der AG aus Art. 12 I GG abgeleitet werden können. Solange allerdings eine Erstattung von Aufwendungen durch die gesetzlichen Kassen gegenüber Kapitalgesellschaften niedergelassener Ärzte nicht in Betracht kommt, weil diesen keine vertragsärztliche Zulassung zuteil werden kann, werden solche Organisationsformen kaum Bedeutung entfalten.

Art. 15 II lit. b, III DLRL berauben Mitgliedstaaten nicht ihres – auch in Art. 345 AEU anklingenden – Rechts, zweckbezogen unterschiedliche Organisationsformen bereitzustellen, doch müssen entsprechende Einschränkungen der Berufs- und Niederlassungsfreiheit von hinreichend gewichtigen Gründen des Allgemeininteresses getragen sein.[257] Der Gesetzgeber scheint gesellschaftlichen Formen der Berufsausübung aufgrund der mit ihr verbundenen Gefahr der „Kommerzialisierung" zu misstrauen. Seine eigenen Maßstäbe zugrunde gelegt, besteht zu solchem Misstrauen sogar Anlass: Tätigkeit von Kapitalgesellschaften gilt dem Steuerrecht bisher „immer und in vollem Umfang" als gewerblich (§ 2 II GewStG). Reicht § 35 EStG, der die Anrechnung der Gewerbe- auf die Einkommensteuer gestattet, nicht aus, um die Gewerbesteuerlast zu neutralisieren[258] – ein bei kapitalgesellschaftsrechtlich organisierten „professional service firms" nicht auszuschließendes Szenario –, so schiebt sich auch materialiter gleichsam ein gewerblicher Schleier vor die freiberufliche Tätigkeit. Nur bildet sich diese Einschätzung in der Erfüllung berufsrechtlicher Pflichten, die weiterhin individualisiert und auf den unabhängigen Berufsträger bezogen sind, überhaupt nicht ab. Anstatt daher den Trend zu Organisationsformen aufzuhalten, die ohne zwingende inhaltliche Gründe dem Reich des Gewerblichen zugeschlagen werden, kann der Vergewerblichung auch ohne organisationsrechtliche Restriktionen durch Aufhebung des steuer- und organisationsrechtlichen Konnexes entgegengewirkt werden. Darüber hinausgehende Gründe für die Beibehaltung von Organisationsverboten sind kaum ersichtlich. Je mehr Freie Berufe einander außerdem in Unabhängigkeit, Vertrauensbezogenheit und Verantwortungsniveau gleichen, desto zweifelhafter erscheint das Postulat, einzelne unter ihnen strenger zu behandeln, und damit die Verein-

---

255 Vgl. *Rieder/Eggenberger/Stöckli/Paolis,* Schweiz. Ärztezeitung 2004, 1341 ff; *Sierro,* Schweiz. Ärztezeitung 2007, 238 ff.

256 Überblick bei *Henssler,* PartGG (o. Fn. 16), Einf., Rn. 38 f. m. w. N.

257 Vgl. auch BVerfGE 95, 193 (214); 102, 197 (213); 115, 276 (304); 121, 317 (346 f.).

258 Vgl. BT-Drs. 16/4841, S. 32 f.; BVerfGE 120, 1 (42).

barkeit der Bestimmungen mit dem Gleichheitssatz.[259] So nährt z.B. der, wenn auch bedingte, Zugang zu Personenhandelsgesellschaften für Steuerberater und Abschlussprüfer Zweifel daran, dass solche Gesellschaftsformen mit freiberufliche Unternehmungen schlechthin inkompatibel seien.

b) Die Apotheker insbesondere

Ob Organisationsformverbote zumindest einzelnen Freien Berufen angemessen sind, lässt sich am Beispiel der Apotheker überprüfen. Getreu dem Leitbild vom „Apotheker in seiner Apotheke" (§ 7 S. 1 ApoG) bleiben korporative Strukturen geächtet (§ 8 ApoG): Weil die OHG Apothekern zugänglich ist, nicht jedoch AG, GmbH und auch GmbH & Co. KG, können u.a. Apothekenketten – die freilich auch im europäischen Ausland kaum üblich sind – in Deutschland nicht betrieben werden.[260] In seinem Urteil in der Rechtssache *Apothekenkammer des Saarlandes* äußerte sich der EuGH zwar nicht explizit zum Verbot der Kapitalgesellschaft, sondern nur zur Gemeinschaftsrechtskonformität des grundsätzlichen Verbots, Apotheken in Fremdbesitz zu führen (dazu infra 2c). Von diesem Verbot lassen sich die Vorgaben zur Gesellschaftsform zumindest teilweise abstrahieren. Ob mehrere zugelassene Apotheker gemeinsam bis zu vier Apotheken als OHG oder als GmbH führen, deren alleinige Gesellschafter sie sind, ändert in der Sache kaum etwas an der Inhaberführung; dennoch blockiert das Gesetz auch insoweit den Zugriff zur Kapitalgesellschaft. Die Gefahren, vor denen das Fremdbesitzverbot schützen soll („Kommerzialisierung", Missachtung des Gesundheitsschutzes, finanzielle Belastung für das Gesundheitssystem),[261] werden sich bei einem solchen Modell, jedenfalls bei Eigengeschäftsführung durch die Gesellschafter, kaum verwirklichen. Ein sachlich einleuchtender Grund für den *kategorischen* Ausschluss kapitalgesellschaftlicher Formen besteht damit nicht; und das an dieser Stelle überzeichnete Leitbild des „Apothekers in seiner Apotheke" verletzt Art. 12 I GG ebenso wie die Niederlassungsfreiheit i.V.m. Art. 15 II lit. b DLRL.[262]

---

[259] Mit Bezug auf die Anwalts-AG krit. *Muthers*, NJW 2001, 930 (931).

[260] Bei den rund 150 deutschen „Doc Morris"-Apotheken handelt es sich nur um Franchise-Einrichtungen, ausgenommen lediglich die echte Filialapotheke, die Gegenstand der EuGH-Entscheidung in verb. Rs. C-171/07 und C-172/07 war.

[261] EuGH, verb. Rs. C-171/07 und C-172/07, *Apothekenkammer des Saarlandes*, Urt. v. 19. 5. 2009, Rn. 34.

[262] So auch *Martini*, DVBl 2007, 10 (16); *Thye*, Der Apotheker in seiner Apotheke – endgültiger Abschied von einem Leitbild des deutschen Apothekenrechts?, 2008, S. 29ff.

Gewiss dämpft die Beschränkung der Filialapotheken auf maximal drei[263] das Interesse an kapitalgesellschaftsrechtlicher Ausgestaltung. Es könnte aber steigen, falls sich der Gesetzgeber, was ihm auch nach Ansicht des EuGH unbenommen bleibt,[264] zur Lockerung des Fremdbesitzverbots oder zumindest der Filialbeschränkungen durchringt. Würde sich z.B. das Maximum an Filialapotheken nach der Zahl beteiligter Apothekengesellschafter bestimmen, würden Vorteile größerer Einheiten kaum mit der Preisgabe berufsethischer Maßstäbe erkauft werden. Mit der Zulassung von Apothekengesellschaften nach dem Muster von BRAO, WPO und StBerG wäre zudem eine strukturelle Annäherung der Apotheker an die übrigen Freien Berufe gewährleistet.

c) Rechtspolitische Schlüsse

(a) Beschränkungen der Organisationsform können, sofern sie nicht ausnahmsweise mit weit reichenden Ingerenzrechten von Nicht-Freiberuflern verbunden sind (dazu infra 2d), in der Regel vor der Niederlassungsfreiheit i.V.m. Art. 15 II lit. b DLRL keinen Bestand haben. Kapitalgesellschaftliche Formen sind daher im Grundsatz für alle von der DLRL erfassten und, insbesondere aus verfassungsrechtlichen Gründen, auch für die übrigen Freien Berufe zu öffnen.

(b) Darüber hinaus sollte als Determinante funktionaler Zuordnung einer Organisationseinheit im Spannungsfeld Gewerbe/Freie Berufe, nicht länger die Organisationsform, sondern allein der Gesellschaftszweck herangezogen werden. Die erforderliche Änderung der gewerbe- und einkommensteuerrechtlichen Grundlagen unterläge keinen grundsätzlichen verfassungsrechtlichen Bedenken. Gälten Tätigkeiten zu *freiberuflichen* Zwecken errichteter Kapitalgesellschaften und auch solche aus der freiberuflichen KG bei Beteiligung einer GmbH ohne (steuerrechtliche) Einschränkungen als nichtgewerblich,[265] würde damit ein Beitrag zur Konturenschärfung der ohnehin im strukturellen Wandel begriffenen Freien Berufe erbracht.

(c) Warum Freiberufler nicht generell auch Personenhandelsgesellschaften zur gemeinsamen Berufsausübung gründen sollten, ist prima facie nicht ohne weiteres erklärlich. Denn der Rekurs auf AG und GmbH ist in weitem Umfang zulässig, obwohl hieraus entspringende Einkünfte als gewerblich gelten. Die geltende, rechtspoli-

---

263 § 1 II ApoG; sie wird nicht von Art. 15 II lit. b DLRL, aber von Art. 49 AEU erfasst.

264 EuGH, verb. Rs. C-171/07 und C-172/07, Urt. v. 19. 5. 2009, Rn. 18.

265 So in der Tendenz *Lahmann,* DStR 2008, 1847 (1851 f.).

tisch widersinnige Bindung der Zulassung einer Steuerberatungs- und Wirtschaftsprüfungs-OHG oder -KG an treuhänderische Betätigung ist in jedem Falle aufzuheben und durch eine konsistente Regelung zu ersetzen. Solange Freiberuflern eine „Sonderstellung" attestiert werden kann,[266] darf der Gesetzgeber ihnen zwar, ohne Art. 3 I oder 12 I GG zu verletzen, Berufsausübungsformen vorbehalten oder sie von Organisationsformen fernhalten, die auf das Fehlen der Sonderstellung gründen. Insofern wäre es nicht systemwidrig, Personenhandelsgesellschaften als „wesensgemäß gewerblich" dem Zugriff der Freiberufler ganz zu entziehen.[267] Die Profilschärfung der Freien Berufe würde insoweit über das Gesellschaftsrecht erreicht (i.d.S., dass Personenhandelsgesellschaften als typisch gewerblich ausgegrenzt werden). Rechtspolitisch vorzugswürdig erscheint es jedoch, ihnen auch Personenhandelsgesellschaften, um Art. 3 I GG zu genügen, für alle miteinander vergleichbaren Berufe (auch Rechtsanwälte)[268] in weitem Umfang zu öffnen. Wird der Vorschlag, Freiberuflichkeit von steuerrechtlicher Warte nicht mehr an der Form der Berufsorganisation, sondern ausschließlich an deren Zweck zu messen, auf Personengesellschaften erstreckt, drängt sich eine solche Lösung geradezu auf. In diesem Fall vollzieht sich die Profilschärfung der Freien Berufe über die Neupositionierung des Steuer- und Verwaltungsrechts bei gleichzeitiger „Neutralisierung" gesellschaftsrechtlicher Abgrenzungsmaßstäbe, in der sich möglicherweise schon Konturen eines künftigen allgemeinen Unternehmensrechts abzeichnen.

2. Beteiligungsvorschriften

Die unabhängige Ausübung Freier Berufe kann – insbesondere bei gesellschaftsrechtlicher Organisation – durchaus bedroht sein, wenn Berufsfremde, namentlich Vertreter gewerblicher Berufe oder bloße Anteilseigner, Einfluss auf die Berufsausübung der Freiberufler gewinnen. Die Unabhängigkeit kann gefährdet sein, wenn eine Verbindung mit einem reglementierten gewerblichen oder handwerklichen Beruf)[269] erfolgt. Komplexer ist die – zugleich wahrscheinlichere – Situation, bei der sich Vertreter unterschiedlicher und jeweils für sich

[266] So jedenfalls BVerfGE 120, 1 (36).

[267] A.A. *Henssler,* FS Kreutz, 2010, S. 635 (648, 650).

[268] *Henssler,* FS Kreutz, 2010, S. 635 (652 ff.); *Karl,* NJW 2010, 967 (968, 972), dieser bereits für die lex lata.

[269] Z.B. Rechtsanwalt und Inkassobüro; Steuerberater und Bankniederlassung; Architekt und Bauunternehmung – oder jede andere Verbindung freiberuflicher Dienstleistungserbringern mit Dienstleistern, die ihnen ansonsten als Dienstleistungsempfänger gegenüber stehen.

unabhängiger Freier Berufe zur gemeinsamen Berufsausübung verbinden. Das deutsche Recht privilegiert die Mitwirkung von Vertretern Freier Berufe, sachverwandter insbesondere, die als untereinander „sozietätsfähig"[270] betrachtet werden. Fasst die DLRL Restriktionen mit Blick auf die Mitwirkung Berufsfremder ansonsten als Niederlassungsbeschränkung unter die Screeningpflicht nach Art. 15 II lit. c („Beteiligung am Gesellschaftsvermögen"), werden multidisziplinäre Sozietäten in Art. 25 unter dem Aspekt der Qualitätssicherung (Kap. V) betrachtet. Beteiligungsverbote lassen sich oft von Rechtsformbeschränkungen (supra 1) nicht scharf trennen, zumal dem Verbot einer bestimmten Rechtsform bereits eine Beteiligungsbeschränkung immanent ist.

a) Varianten

(1) Fremdbesitzverbote

Fremdbesitzverbote schränken die Assoziierungsfreiheit ein und müssen von Mitgliedstaaten überprüft werden (Art. 15 II lit. c).[271] Sie überlagern und modifizieren den sonst gesetzlich eröffneten Zugang zum Gesellschaftsrecht,[272] wirken sich bei freiberuflichen (Kapital-)Gesellschaften aber auch auf den Kapitalverkehr aus: Eine Börsennotierung ist grundsätzlich unzulässig, Anteile werden als vinkulierte Namensaktien ausgegeben.[273] Dass Fremdbesitzverbote die Niederlassungs- und Kapitalverkehrsfreiheit beschränken, wird augenfällig, wenn im Ausland gegründete Gesellschaften (Art. 49 I, 54 AEU) an der Sitzverlegung nach Deutschland oder der Errichtung einer Zweitniederlassung mit der Begründung gehindert werden, Berufsfremde hätten im Widerspruch zum Recht des Zielstaates Gesellschaftsanteile inne. Art. 15 II lit. c DLRL ist weit zu verstehen und erfasst alle Beschränkungen der Beteiligung oder der auf ihr oder gesellschaftsrechtlicher Organisation beruhenden individuellen oder institutionellen Willensbildung (incl. Stimmrechte, Sternsozietäten etc.).[274] Kritisiert werden Beteiligungsverbote vor allem unter dem Gesichtspunkt der Erforderlichkeit: Freiberufliche Unabhän-

[270] Die Sozietätsfähigkeit eines Berufsvertreters lässt sich immer nur in Ansehung der jeweiligen berufsrechtlichen Regelung bestimmen; als absolute Kategorie gibt es „sozietätsfähige Berufe" dagegen nicht.

[271] So eindeutig auch Kommission, Handbuch (o. Fn. 201), S. 40.

[272] Vgl. zu einem ähnlichen Phänomen im kommunalen Wirtschaftsrecht *Schmidt-Aßmann/Röhl,* in: Schmidt-Aßmann/Schoch (Hrsg.), Besonderes Verwaltungsrecht, 14. Aufl. 2008, Kap. 1, Rn. 125.

[273] § 28 V WPO, § 50 V StBerG; für Anwälte vgl. BGH, NZG 2005, 596 (599f.).

[274] Vgl. *Cornils,* in: Schlachter/Ohler (o. Fn. 22), Art. 15 Rn. 15.

gigkeit lässt sich nach verbreiteter Auffassung mit weniger einschneidenden Maßnahmen ebenso gut schützen. Dabei wird auf die in Australien und – nach Implementierung des „Clementi Report"[275] – im Vereinigten Königreich gewonnenen Erfahrungen verwiesen, wo spezielle Gesellschaftsformen[276] sogar die reine Kapitalbeteiligung Dritter zulassen. Auf diese Weise, argumentieren ihre Befürworter, könne der Finanzbedarf einer aufstrebenden Rechtsanwaltssozietät gedeckt werden; etwaige Interessenkollisionen ließen sich auf privatautonomem Wege oder kraft einer gesetzlichen Beteiligungsbeschränkung abwehren.[277] Was speziell Fremdgeschäftsführung betreffe, gewährleisteten Gesellschaftszweck und Genehmigungsakt, ggf. im Zusammenwirken mit dem Kammerrecht, eine ausreichende Sicherung gegen fachfremde Einflüsse.[278]

(2) Multidisziplinäre Zusammenarbeiten

Beschränkungen der „gemeinschaftlichen oder partnerschaftlichen Ausübung unterschiedlicher Tätigkeiten"[279] alias multidisziplinäre Tätigkeiten werden durch Art. 25 I DLRL im Grundsatz untersagt und damit strenger behandelt als bloße Kapitalbeteiligungen, die zunächst nur dem Screening unterliegen. Im Gegensatz zu Art. 15 II lit. c DLRL erfordert Art. 25 eine wirkliche berufliche Zusammenarbeit.[280] Darunter fällt die gemeinsame Berufsausübung unter Freiberuflern unterschiedlicher Couleur (multidisziplinäre Sozietäten) ebenso wie berufliche Verbindungen zwischen Vertretern Freier und anderer Berufe. Zur Idealkonkurrenz beider Vorschriften kommt es, wo Beschränkungen interprofessioneller beruflicher Zusammenarbeit sich in solchen der Beteiligung am Gesellschaftsvermögen abbilden. Dies betrifft vor allem Kapitalgesellschaften, kaum aber Sozietäten, die als GbR oder PartG organisiert sind,[281] Bürogemeinschaften

---

[275] Report of the Review in the Regulatory Framework for Legal Services in England and Wales, Dexember 2004; www.legal-services-review.org.uk/content/report/index.htm.

[276] Australien: National Legal Profession Model Bill (www.lawcouncil.asn.au); England: Legal Services Act zu den „Alternative Business Structures"; dazu *Kilian,* AnwBl 2002, 686; *Hellwig,* NJW 1995, 1217 (1221 ff.); *Henssler,* BRAK-Mitt. 2007, 238 ff.

[277] Monopolkommission (o. Fn. 56), Nr. 1122, 1124 ff.

[278] Monopolkommission (o. Fn. 56), Nr. 1117 ff.; für die Lockerung des Fremdbesitzverbots auch *Henssler,* BRAK-Mitt. 2007, 186 (190); *Streinz/Hermann,* EuzW 2006, 455 (459); *Kruis,* EuZW 2007, 175 (177).

[279] Nach *Streinz,* Die Ausgestaltung der Dienstleistungs- und Niederlassungsfreiheit durch die Dienstleistungsrichtlinie – Anforderungen an das nationale Recht, in: Leible (o. Fn. 214), S. 97 (123), wird auch die Doppelqualifikation einzelner Personen erfasst; dem Wortlaut der Norm entspricht dies allerdings nicht.

[280] Dazu *Henssler,* AnwBl 2009, 1 (7).

[281] BGH, Urt. v. 29. 1. 2001, II ZR 331/00; vgl. auch *Maxl,* in: Kuhls et al., StBerG, Kommentar, 2. Aufl. 2004, Rn. 8 ff., 87 ff.

und einfachere Formen der Kooperation. Diese Verbindungen werden jedoch vom – weiten – Wortlaut des Art. 25 DLRL durchaus erfasst.

Über die Verbindung von Mitgliedern unterschiedlicher Beratungsberufe können Dienstleistungsempfänger aufeinander bezogene Tätigkeiten (wie Wirtschaftsprüfung, Steuer- und Rechtsberatung) am gleichen Ort, also gewissermaßen im „one stop shopping“,[282] erhalten. Ungeachtet der positiven Einstellung des Vertrages zu multidisziplinären Sozietäten erlaubt Art. 25 II lit. a DLRL Mitgliedstaaten bei reglementierten Berufen (und damit der Kerngruppe der Freien Berufe) ihre Untersagung, um – nach Maßgabe der Verhältnismäßigkeit – die „Besonderheiten der jeweiligen Berufe sicherzustellen“ und ihre „Unabhängigkeit und Unparteilichkeit zu gewährleisten“. So differieren die Maßstäbe des Art. 25 und des Art. 15 II lit. c DLRL hier im Ergebnis nur wenig: Die Unabhängigkeits- und Unparteilichkeitsanforderungen der erstgenannten Vorschrift wären auch als zwingender Grund des Allgemeininteresses i.S.v. Art. 15 III lit. b anzuerkennen. Darüber hinaus wird die *positive* Verpflichtung ausgesprochen, durch Ausgestaltungsvorgaben Interessenkonflikte und Unvereinbarkeiten bei multidisziplinären Tätigkeiten zu vermeiden und die Unabhängigkeit der einzelnen Berufe zu gewährleisten. Auch solche Vorschriften sind notifikationsbedürftig (Art. 25 II, IV i.V.m. Art. 39 I DLRL). Mit dem Kriterium „Unabhängigkeit“ wird hier offenkundig auf die Freien Berufe abgezielt.

Art. 25 DLRL billigt den Mitgliedstaaten zwar eine weit reichende Gestaltungsprärogative zu. Mit Blick auf das Grundbekenntnis zur Multidisziplinarität darf der Mitgliedstaat eine fachübergreifende Kooperation jedoch nicht schon dann verbieten, wenn Unabhängigkeit sichernde Standesregeln tangiert sind. Können in einer multidisziplinären Beraufsausübungsform Unabhängigkeit und Unparteilichkeit nur gesichert werden, wenn das Berufsrecht mit vertretbarem Aufwand geändert und ggf. ergänzt wird, darf die Verbindung nicht unter Hinweis auf Gefahren für diese Rechtsgüter untersagt werden.[283] Ob Art. 25 DLRL das *Wouters*-Urteil des EuGH, in dem ein Zusammenschlussverbot zwischen Rechtsanwälten und Wirtschaftsprüfern trotz Wettbewerbsbeschränkung gebilligt wurde, transponiert oder eine Verschärfung der Beschränkungsvorgaben statuiert, ist unklar. In casu herrschte in den Niederlanden ein besonders starkes Regulierungsgefälle zwischen den beiden potenziell konfliktträchti-

---

[282] I.d.S. auch Vgl. *Henssler,* BRAK-Mitt. 2007, 238 (240).

[283] Betrachtung sämtlicher milderer Mittel, vgl. *Schmidt/Kessel,* in: Schlachter/Ohler (o. Fn. 22), Art. 25 Rn. 13; Ähnlich *Kühling/Müller,* BRAK-Mitt. 2008, 5 (9). Für Europarechtswidrigkeit des § 59a BRAO *Hellwig,* NJW 2005, 1217 (1220).

gen Berufsgruppen,[284] das im deutschen Recht insoweit nicht besteht. Auf die Gefahr der Überschätzung des in *Wouters* nur mit grobem Pinselstrich erfassten Konfliktpotenzials weisen Entscheidungen des BVerfG, mit denen Sozietätsverbote zwischen Angehörigen Freier Berufe (unter Einschluss der Anwaltsnotare) als unverhältnismäßige Eingriffe in Art. 3 I bzw. 12 I GG gegeißelt wurden.[285] Des ungeachtet erklärt das geltende Recht mit Blick auf die beratenden Berufe nur einen begrenzten Kreis anderer Berufe für sozietätsfähig.

b) Die gegenwärtige Rechtslage in Deutschland

Praktisch bedeutsam sind Beteiligungsverbote vor allem bei (rechts)beratenden Freien Berufen. Obwohl sie untereinander sozietätsfähig sind, fügen sich die berufsständischen Kooperationsvorschriften – sofern sie überhaupt gesetzlich normiert sind – kaum zu einem konsistenten Bild.[286] Selbst die eigentlich „anonyme" Kapitalgesellschaft wird durch das Berufsrecht faktisch „personengesellschaftsrechtlich aufgeladen".[287] Die Regelungen können hier nur in den Grundzügen betrachtet werden. Schlichte Partnerschaften können nach § 59a I, II BRAO, § 56 I-III StBerG und § 44b I, II WPO nur mit Angehörigen verwandter beratender Berufe eingegangen werden. Kooperationsformen ohne Sozietätsbindung sind gesetzlich nur in § 56 V StBerG geregelt, der den Kreis der möglichen Partner von Steuerberatern auf praktisch sämtliche Freien Berufe ausdehnt und damit wesentlich zwar weiter fasst als § 56 I StBG, aber weniger großzügig als bei Rechtsanwälten: Sie dürfen auch mit Vertretern des Gewerbes kooperieren, Steuerberater nur unter der Voraussetzung behördlicher Befreiung (§ 57 IV 1 StBerG).[288] Ein dritter Typus der interdisziplinären Zusammenarbeit wird ungeachtet ihrer Bezeichnung durch Steuerberatungs-, Wirtschaftsprüfungs- oder Rechtsanwaltsgesellschaften eröffnet. Zwar sieht das Recht die „gemischte", denominationsfreie Freiberuflergesellschaft nicht vor, doch bietet es – mit Einschränkungen – die Möglichkeit zur wechselseitigen Beteiligung von Vertretern unterschiedlicher Freier Berufe. An *Rechtsanwaltsgesellschaften* dürfen außer Rechtsanwälten, denen die Anteilsmehrheit verbleiben muss

---

[284] EuGH, Rs. C-309/99, *Wouters,* Slg. 2002, I-1577, Rn. 98 ff.

[285] Z. B. BVerfG, NJW 1989, 2611 (2612); NJW 1008, 2269 (2270 f.).

[286] Monopolkommission (o. Fn. 56), Nr. 1115: „Rechtszersplitterung".

[287] Zu solchen „verwaltungsgesellschaftsrechtlichen" Phänomenen insbes. von *Danwitz,* AöR 120 (1995), 595 (622).

[288] Vgl. *Kamps/Wollenweber,* DStR 2009, 926 (931). – Mit Entscheidung des Gesetzgebers (vgl. BT-Drs. 16/7077, S. 31) dürfte sich die frühere Kontroverse um den abschließenden Charakter des § 56 I StBerG (dazu BGH, NJW 2005, 1268 [1270]; *Kluth/Goltz/Kujath* 2005 [o. Fn. 44], S. 150 f. m. w. N.; *Grunewald* [o. Fn. 229], S. 183) erledigt haben.

(§ 59e III BRAO), nur Vertreter der wenigen in § 59a I BRAO aufgeführten sozietätsfähigen Berufe teilhaben. Großzügiger geben sich die Beteiligungsvorgaben für *Steuerberatungs- und Wirtschaftsprüfungsgesellschaften*, an denen (im Einklang mit Art. 3 IV RL 2006/43/EG) nicht nur Vertreter der vorgenannten Kreises Freier Berufe, sondern auch Körperschaften, d.h. Steuerberatungs- bzw. Wirtschaftsprüfungsgesellschaften,[289] partizipieren dürfen. Anders als bei Rechtsanwaltsgesellschaften ist damit hier auch eine Schachtelbeteiligung legal. Selbst sozietätsunfähige Nicht-Freiberufler können sich unter den Voraussetzungen der § 50 III StBerG als qualifizierte Dritte (Vorstandsmitglieder oder Geschäftsführer) an solchen Gesellschaften beteiligen, ja haben auf behördliche Zulassung gar einen Rechtsanspruch.[290] Da die Dritten der Pflicht unterliegen, in der Gesellschaft tätig zu sein (§ 50 III, § 50a I Nr. 1 StBerG), ist die reine Kapitalbeteiligung ausgeschlossen. Vertreter sozietätsfähiger Freier Berufe und Steuerberatungsgesellschaften müssen insgesamt die Mehrheit der Anteile innehaben (§ 50a I Nr. 1, 4, 5 StBerG). Mit Genehmigung können als Gesellschafter in Wirtschaftsprüfungsgesellschaften Vertreter aller mit Wirtschaftsprüfern „vereinbaren Berufe" auftreten. Fremdbeteiligung setzt insoweit voraus, dass alle Gesellschafter natürliche Personen und von diesen mindestens die Hälfte auch in der Gesellschaft tätig sind (§ 28 IV Nr. 1, 1a WPO). Nur mit Blick auf Fremdgeschäftsführung sind die Vorschriften der drei Gesetze insoweit ähnlich restriktiv, als sie mindestens hälftige oder mehrheitliche Beteiligung der Vertreter des sozietätsbestimmenden Berufes gebieten.[291] Selbst Großkanzleien mit großem Verwaltungsapparat müssen mehrheitlich durch Rechtsanwälte geleitet werden.[292]

c) Rechtliche Würdigung

Zum Fanal für die rechtliche Beurteilung von Fremdbesitzverboten und Beschränkungen der Zusammenarbeit von Angehörigen Freier Berufe könnte das EuGH-Urteil vom 15. 5. 2009 in der Rechtssache *Apothekenkammer des Saarlandes („DocMorris")*[293]

---

[289] § 50a Nr. 1, 3 StBerG; § 28 IV Nr. 1, 1a WPO; anders § 59c II BRAO für Rechtsanwaltsgesellschaften.

[290] Sehr weitgehend § 2 II Nr. 2 ThürIngKG v. 6. 8. 1993 (GVBl 1993, 462): E contrario konnte als Gesellschafter einer Beratenden Ingenieursgesellschaft jede beliebige Person zugelassen werden (vgl. auch *Ganster* [o. Fn. 3], S. 510) Dies ist nach § 1 V Nr. 3, III 2 Nr. 2 ThürAIKG v. 5. 2. 2008 (GVBl 2008, 9) nun nicht mehr zulässig.

[291] § 59f I BRAO; § 50 IV StBerG; § 28 I 1 WPO.

[292] Vgl. jedoch die Streichung des Art. 59i II BRAO durch Gesetz mit Wirkung vom 1. 9. 2009 (BGBl. 2009 I, 2449).

[293] Verb. Rs. C-171/07 und 172/07.

werden. Das deutsche Apothekenrecht verfügt, dass die Erlaubnis für den Betrieb einer Apotheke sowie bis zu drei räumlich benachbarter Filialen nur einem Apotheker als natürlicher Person zur persönlichen Leitung (§ 7 ApoG) erteilt werden darf.[294] Unzulässig sind die Bildung einer Kapitalgesellschaft (supra 1b) sowie jede aktive oder passive Teilhabe von Nicht-Apothekern. Fremdbeteiligung in toto und interprofessionelle Zusammenarbeit, sofern sie den Betrieb einer Apotheke einschließt, sind also ausgeschlossen.

Mit Urteil vom 15. 5. 2009 entschied der EuGH, dass diese Beschränkungen weiter Bestand haben dürfen. Der einzigen echten Filialapotheke der niederländischen Gesellschaft „Doc Morris" in Deutschland wurde im Anschluss an das EuGH-Urteil die mit Blick auf den Anwendungsvorrang des Gemeinschaftsrechts zunächst erteilte Lizenz wieder entzogen.[295] Der EuGH billigte – im Anschluss an die Schlussanträge des mit einer Apothekerin verheirateten Generalanwalts *Bot*[296]– hier Beschränkungen der Niederlassungs- und Kapitalverkehrsfreiheit, wie er sie für den Optikerberuf noch für unstatthaft erachtet hatte.[297] Zur Begründung verwies er auf die von Arzneimitteln ausgehenden besonderen Gefahren, auf das Interesse an einer Begrenzung der Kostenlast im Pharmasektor und das legitime Ziel, Gewinnstreben bei Berufsapothekern durch Stärkung des fachlich-beruflichen Blickwinkels zu begrenzen. Auch bei einem ausreichenden Regulierungsrahmen könne der angestellte Apotheker Gesundheitsgefahren, die durch betriebswirtschaftliche Anordnungen des nicht fachkundigen Apothekenbetreibers ausgelöst würden, nicht verhindern.[298]

Der EuGH unterstellt jedenfalls nicht explizit, dass sich der angestellte Berufsträger zu standeswidrigen und strafbaren Handlungen hinreißen lassen würde. Insoweit liegen die Dinge anders als beim beratungsfreien Versandhandel mit verschreibungspflichtigen Arzneien, der Apotheken auf eine bloße Verteilungsstelle reduziert.[299]

---

[294] § 1 III, § 2 ApoG: Leitbild des „Apothekers in seiner Apotheke" (BVerfGE 17, 232 [242]).

[295] Vgl. FAZ v. 20. 5. 2009, S. 11.

[296] Schlussanträge in verb. Rs. C-171/07 und C-172/07, v.a. Nr. 74f. – *Bot* wurde Mangel an Unparteilichkeit vorgeworfen (dazu *Nienhaus,* in: FAZ v. 17. 5. 2009, S. 36); *Hermann,* EuZW 2009, 413 (415), erwägt gar das Vorliegen eines Verfahrensfehlers, der die Bindungswirkung der Entscheidung entfallen lässt.

[297] EuGH, Rs. C-140/03, *Kommission/Griechenland,* Slg. 2005, I-3177, Rn. 2ff. – Diese Position war nicht von allen erwartet worden; vgl. etwa *Kühling/Müller,* BRAK-Mitt. 2008, 5 (9).

[298] EuGH, verb. Rs. C-171/07 und 172/07, Urt. v. 19. 5. 2009, Rn. 39f., insoweit den Schlussanträge von GA Bot, Nr. 71ff., folgend; im gleichen Sinne ganz ähnlich Rs. C-531/06, *Kommission/Italien,* Urt. v. 19. 5. 2009, Rn. 55ff.

[299] *Starck,* DÖV 2008, 389 (390ff.).

Bei näherer Betrachtung reduzieren sich die beschworenen Gefahren auf die Perspektive einer Sortimentsausdünnung und der möglichen Belastung des Gesundheitssystems durch Veräußerung teurer Medikamente. Weder dieses Szenario noch signifikante Beeinträchtigung der Gesundheitsversorgung durch – systemimmanent durchaus berechtigtes[300] – Gewinnstreben erscheinen sehr realistisch, schon weil Verschreibungspflicht und Preisbindung von Arzneimitteln mit größerem Gefahrenpotenzial hierzulande der Gewinnmaximierung Grenzen setzen.[301] Viel eher ist anzunehmen, dass größere Apothekenstrukturen Kunden durch möglichst günstige Offerten, wenn auch wahrscheinlich bei Beschränkung des Kanons an individuellen Sonderleistungen, an sich ziehen und dabei Skalenvorteile ausnutzen würden.

Insofern scheint der EuGH seine Lanze zugunsten von Beschränkungen der Fremdbeteiligung nicht unbedingt am idealen Objekt gebrochen zu haben. Angelpunkt ist die Unabhängigkeit der Freiberufler mit ihren eigen- und fremdnützigen Facetten. Apotheker mögen sich insoweit, als sie als einziger Freier Beruf vom (meist örtlichen) Warenverkauf leben, für kaufmännische Einflussnahme anbieten, doch sind die inhaltlichen Spielräume systembedingt gerade hier eng begrenzt. Apotheken sind der Spezialisierung wenig zugänglich, größere Organisationseinheiten sind allenfalls im Filialsystem sinnvoll, wohingegen (urbane) Rechts- und Wirtschaftsberatung zur betriebswirtschaftlichen wie juristischen Konzentration in Betriebseinheiten neigt, die Sozien, Angestellte und freie Mitarbeiter umfassen. Das Potenzial für fachfremde „Shareholder"-Interessen, die auf allen Dienstleistungsmärkten markanten Druck erzeugen können,[302] ist bei beratenden Berufen eher größer, Einflussnahme wegen der komplexeren und stärker diversifizierten Strukturen subtiler möglich und schwieriger zu ermitteln. Sie kann sich auch unspezifisch, z.B. im Sinne einer „Polung" auf Strategien, Klientengruppen oder fachliche Ausrichtung, vollziehen. Selbst unterhalb der „Sperrminorität" kann schon die Drohung, Kapital abzuziehen, das Handeln einer Sozietät in eine bestimmte Richtung lenken.[303] Der Einwand, auch bei aktiven Freiberuflern sei erstens ein – insoweit gleichläufiges – Gewinnmaximierungsinteresse belegbar (dazu supra

---

[300] *Streinz/Herrmann,* EuZW 2006, 455 (458); a.A. noch BVerfGE 17, 232 (239); vgl. auch supra A I 3 (5) zum Stichwort „Altruismus".

[301] So mit Recht auch *Herrmann,* EuZW 2009, 413 (415); ebenfalls abl. *Martini,* NJW 2009, 2116; *Povel,* Das Fremd- und Mehrbesitzverbot für Apotheker, 2009, S. 230ff.

[302] Vgl. *Kühling/Müller,* BRAK-Mitt. 2008, 5 (9); zurückhaltender *Martini,* DVBl 2007, 10 (15).

[303] Vgl. *Hellwig,* NJW 2005, 1217 (1222); *Kämmerer,* DVBl 2008, 1005 (1009); *Henssler,* AnwBl 2008, 721 (726).

A II 2a) und die Sozietät sei zweitens kraft ihrer Genehmigung ohnehin in standesrechtliche Pflichten eingebunden,[304] beseitigt nicht das Konfliktpotenzial; denn reine Kapitalbeteiligung ist *ausschließlich* gewinnmotiviert.

Wenn ein Mitgliedstaat wie Deutschland die Sicherung freiberuflicher Unabhängigkeit zum Anlass für Restriktionen der Beteiligung von Nicht-Freiberuflern nimmt, begegnet dies im Lichte der ihm beim Ausgleich widerstreitender Interessen zugebilligten Einschätzungsprärogative[305] prinzipiell keinen *rechtlichen* Bedenken,[306] solange sie maßvoll ausfallen. Um die Unabhängigkeit zu schützen, sind Fremdbeteiligungs- und -geschäftsführungsverbote grundsätzlich zwar effizienter als abstrakte Kriterien für die satzungsmäßige Gestaltung im Einzelfall, die mit erheblichem Kontrollaufwand und hohem Umgehungsrisiko behaftet sind. Dies erkennt auch das Europarecht im Grundsatz an, wie z.B. Art. 3 IV lit. b, c RL 2006/43/EG beweist.[307] Zumindest die reine Kapitalbeteiligung Dritter kann bereits bei geringem Umfang die berufliche Unabhängigkeit berühren. Ihre gesetzliche Beschränkung oder Untersagung verletzt die Niederlassungs- und Kapitalverkehrsfreiheit daher grundsätzlich nicht.[308]

Anders gelagert ist die bloße Mitwirkung in Sozietäten oder bloßen Kooperationen. Nicht so sehr die fachfremden Einflüsse oder die Gefahr der „Fraternisierung" von Freiberuflern und Gewerbe wirken insoweit bedrohlich[309] als vielmehr die Schwierigkeit der Geheimhaltung persönlichkeits- und damit unabhängigkeitsrelevanter Informationen. Will man Nicht-Freiberufler gleichwohl einbinden, Vertraulichkeitsregeln einschließlich Verschwiegenheitspflichten und Zeugnisverweigerungsrechte aber nicht auf alle Partner der Gesellschaft erstrecken (und damit faktisch „Nicht-Freiberufler mit freiberuflichen Pflichten" generieren),[310] muss durch regulative und vertragliche Vorgaben gewährleistet werden, dass die Vertraulichkeit von In-

---

304 Vgl. Monopolkommission (o. Fn. 56), Nr. 1121ff.

305 Dazu EuGH, Rs. C-112/00, *Schmidberger,* Slg. 2003, I-5659, Rn. 81f.; speziell zum Apothekenmarkt auch *Kamer/Gey/Kreuzer,* PharmR 2009, 320 (322ff.).

306 Ebenso *Henssler,* AnwBl 2008, 721 (726); a.A. *Kleine-Cosack,* BB-Spezial Berufsrecht zu Heft 11/2008, 2 (4).

307 Dazu auch *Waschkau* (o. Fn. 215), S. 157f., 203. – A.A. *Cornils,* in: Schlachter/Ohler (o. Fn. 22), Art. 15 Rn 14.

308 A.A. *Grunewald* (o. Fn. 229), S. 178ff., die bereits an den Gefahren zweifelt; *Leible,* NJW 2005, 1217 (1220). – Für Europarechtskonformität der Beteiligungsverbote an Rechtsanwaltsgesellschaften mit Blick auf Art. 11 RL 1998/5/EG *Waschkau* (o. Fn. 215), S. 152.

309 Vgl. aber BT-Drs. 16/7077, S. 32.

310 In diese Richtung weist in der Tat die dänische Anwalts-AG (Aktiebolag; hierzu auch *Henssler,* BRAK-Mitt. 2007, 238 [241]): Nach § 124 III Nr. 2, IV retsplejeloven (www.retsinformation.dk) müssen Gesellschafter, die keine Anwälte sind, eine Prüfung im anwaltlichen Berufsrecht ablegen.

formationen zwischen dem einzelnen Freiberufler und seinem Mandanten nicht durch Weitergabe an Personen ausgehöhlt wird, die weder dem Recht noch der Pflicht zur Verschwiegenheit unterliegen.[311] Auch solche verschlungenen Pfade zu beschreiten, zwingt den Gesetzgeber das Europarecht nicht: Im Verhältnis zur Alternative (d.h. kategorischer Ausschluss nicht-freiberuflicher Akteure) sind Ausgleichsmaßnahmen jedenfalls nicht simpler und kostengünstiger.[312]

Beachtlich ist schließlich Art. 3 I GG, wonach Beteiligungsbeschränkungen bei ähnlichen Freien Berufen nicht ohne ausreichenden Sachgrund unterschiedlich streng ausgestaltet werden dürfen. Bedenken gegen die en détail *unterschiedliche* Ausgestaltung der Fremdbeteiligungsregeln insbesondere bei beratenden Berufen sind daher berechtigt. Warum z.B. Gefahren für die ordnungsgemäße Bilanzierung um so viel weniger gravierend sein sollen als solche, die aus Drittbeteiligung an Rechtsanwaltsgesellschaften für die ordnungsgemäße Rechtspflege erwachsen, dass bei Wirtschaftsprüfern insoweit kaum Restriktionen geboten erscheinen, Rechtsanwälte aber umgekehrt für einfache interprofessionelle Kooperation weit aufgeschlossener sind, erschließt sich kaum. Dem Verfassungsrecht entspringt nach alledem – materiell begrenzt – ein berufsübergreifender Rechtsangleichungsdruck. Der ihm nachgebende Gesetzgeber kann zugleich das rechtspolitische Interesse an der Profilschärfung der Gruppe der Freien Berufe insgesamt geltend machen.

d) Rechtspolitische Schlüsse

Es empfiehlt sich, die Fremdbeteiligung an Organisationseinheiten Freier Berufe wie folgt zu regeln:

(a) Fremdbeteiligung an Zusammenschlüssen von Freiberuflern sollte weiter vom Grundsatz der aktiven Mitwirkung[313] bestimmt, die reine Kapitalbeteiligung also ausgeschlossen sein. Kapitalbedürftige Freiberuflergesellschaften sind vorrangig auf die Möglichkeit einer Kreditaufnahme zu verweisen, die nicht mit gesellschaftsinternen Mitspracherechten des Gläubigers einhergeht.[314]

(b) Der Gesellschafterstellung von *Nicht-Freiberuflern* ist mit Blick auf Kapitaldruck und Verschwiegenheitsproblemen mit Zurückhaltung zu begegnen. Wird ein Rückschritt hinter die Beteili-

---

[311] Vgl. auch *Kamps/Wollweber*, DStR 2009, 926 (932).

[312] Auf der gleichen Linie *Waschkau* (o. Fn. 215), S. 203. – Zum Vorrang milderer Mittel vor Sozietätsverboten Kommission, Handbuch (o. Fn. 201), S. 59.

[313] Diese ist im europäischen Ausland (z.B. in der französischen Société d'exercice libérale) z.T. aufgegeben worden. Vgl. *Henssler*, BRAK-Mitt. 2007, 186 (187, 189f.); *ders.*, AnwBl 2009, 1 (6).

[314] Anders Monopolkommission (o. Fn. 56), Nr. 1121ff.

gungsregeln der WPO oder des StBerG gescheut, sollte wenigstens berufsübergreifend eine Beschränkung ihrer Anteile auf 25% erstrebt werden, wobei aus zusätzliches Kriterium nach dem Muster ausländischer Rechtsordnungen die „dienende" Funktion der beteiligten anderen Berufe vorausgesetzt werden könnte.[315] Das Ausland lässt die Beteiligung von Nicht-Freiberuflern in solchem Umfang z.T. selbst bei spezifisch freiberuflichen Gesellschaftsformen zu.[316] Doch bereits ein Strukturkompromiss wie der hier vorgeschlagene wird, wie gesagt, mit konstruktiven Schwierigkeiten bei der Zuordnung freiberufsspezifischer Pflichten und Privilegien erkauft. Komplexe Strukturen wie funktionale Informationsbarrieren („Chinese Walls") und die Überprüfung des Systems durch neutrale „Compliance-Beauftragte"[317] oder die gesellschaftsrechtliche Immunisierung freiberuflichen Kernhandelns gegen den Einfluss fremder Beteiligter[318] können notwendig werden. Auch die Ausgabe vinkulierter Namensaktien vermag gegenüber Fremdsteuerung nicht zu schützen, sondern stellt nur die Identität des Fremden sicher.

(c) *Multidisziplinäre Zusammenarbeit* zwischen Freiberuflern ist, was die Profilschärfung der Freien Berufe betrifft, ambivalent: Ihre Beschränkung unterstützt die Arrondierung des einzelnen Berufs, doch besteht die Gefahr, dass attestierte Unvereinbarkeiten das Trennende überprononcieren und somit zu Lasten der Berufsgruppenkategorie insgesamt gehen. Im Lichte der positiven Einstellung der DLRL sollten Verbindungen jeglicher Art gegenüber dem geltenden Recht erleichtert werden. Als „sozietätsfähig" (im Sinne klassischer Sozietäten und der PartG, aber auch im weiteren Sinne der Beteiligung an einer AG oder GmbH) sollten Vertreter aller Freien Berufe mit Ausnahme der Notare im Verhältnis zu allen anderen jedenfalls dann gelten, wenn diese Berufe reglementiert sind. Dies würde einem realen Synergie- und Konzentrationsbedürfnis im Einzelfall Rechnung tragen[319] und dynamische Entwicklungen ermög-

---

[315] Zur Anteilsbegrenzung i.E. ähnlich Monopolkommission (o. Fn. 56), Rn. 1127; zur dienenden Funktion vgl. das Beispiel Dänemarks (o. Fn. 310).

[316] Z.B. Frankreich: Art. 6 Loi 90–1258 (relative à l'exercice sous forme des professions libérales soumises à un statut législatif ou dont le titre est protégé et aux sociétés de participations financiers de professions libérales) v. 31. 12. 1990 i.d.F. des Gesetzes 2008–776 vom 4. 8. 2008.

[317] Z.B. Spanien: Art. 4 II Ley 2/2007, de 15 de marzo, de sociedades profesionales. – Zur Begegnung von Interessenkonflikten im Kapitalmarktrecht vgl. nur § 31 I Nr. 2, § 33 I Nr. 3 und § 33b III WpHG.

[318] *Kleine-Cosack,* DB 2007, 1851 (1855).

[319] Vgl. Ergebnisse einer Umfrage des Soldan-Instituts für Anwaltsmanagement: *Hommerich/Kilian,* NJW 2007, 2308 (2312); speziell zur interprofessionellen Mediationskanzlei *Wendenburg,* NJW 2009, 1551; *Bernhard/Winograd,* in: Haft/Schlieffen (Hrsg.), Hdb. Mediation, 2. Aufl. 2009, 907.

lichen. Eine Beschränkung der Sozietätsbildung auf verkammerte Berufe[320] mag im Lichte berufsständischer Verschwiegenheit praktikabler erscheinen, würde jedoch zur Profilstärkung wenig beitragen und mit der Verkammerung das Ergebnis historischer und nicht immer geradliniger Prozesse überbewerten. Nichtverkammerung kann zudem auch das geringe Gemeingefahrenpotenzial eines Freien Berufs und damit gerade das Fehlen einer Unabhängigkeitsbedrohung in Verbundstrukturen dokumentieren. In puncto Geheimhaltung bedarf es, falls nicht § 261 StGB und § 53 StPO schon weitgehenden Gleichklang zwischen den beteiligten Freien Berufen herstellen, ggf. gesetzlicher Anordnung von Informationsbarrieren und ggf. begrenzten Vertraulichkeitsverzichterklärungen. Mittelfristig ist von der Erweiterung des Kreises sozietätsfähiger Berufe nicht nur in diesem Punkte ein legislativer Konvergenzdruck zu erwarten.

(d) Vor dem Hintergrund der Angleichung berufsspezifischer Vorschriften und der Diversifikation zugelassener Sozietätsstrukturen sollte schließlich auch die Schaffung einer *„Freiberuflergesellschaft ohne Denomination“* im Rahmen der zulässigen kapitalgesellschaftlichen Formen erwogen werden, deren Zulassung nach einem der einschlägigen Berufsgesetze ggf. Konzentrationswirkung auch für die anderen Berufsordnungen erzeugen würde; Zulassungsanforderungen könnten sich insoweit, falls eine vollständige Angleichung der berufsspezifischen Regeln nicht gelingt, nach der strengsten unter den einschlägigen gesetzlichen Vorgaben richten. Bedarf für die Schaffung einer spezifisch freiberuflichen Kapitalgesellschaft nach dem Modell mancher umliegender Staaten[321] ist nicht erkennbar.

(e) *Fremdgeschäftsführung* sollte (auch als alleinige) zugelassen werden, sofern die Einflussnahme der Gesellschafter auf Geschäftsführerentscheidungen gesichert ist – was jedenfalls bei Organisation der Sozietät in der Form der GmbH (anders in der AG wegen der Weisungsfreiheit des Vorstands) keine Probleme aufwirft. Damit würde dem Bedürfnis nach fachkundiger *administrativer* Leitung größerer sozietärer Einheiten Rechnung getragen.

(f) Auch *Apotheken* bleiben von den gewonnenen Erkenntnissen nicht unberührt. Zwar lässt sich das Fremdbesitzverbot für sich genommen europarechtlich insoweit rechtfertigen, als bloße Kapitalgeber und Berufsfremde ausgeschlossen bleiben. Soweit das Verbot, Apotheken zu betreiben, aber auch Apotheker und Apothekergesellschaften erfasst, also Filialapotheken weitgehend verbietet, kann die

---

[320] Vgl. *Henssler,* BRAK-Mitt. 2007, 186 (190); zurückhaltender *ders.,* AnwBl 2008, 721 (726).

[321] Zur Übersicht *Henssler,* BRAK-Mitt. 2007, 238 ff.

ihrem eigenen Leitbild überdies nur noch inkonsequent huldigende[322] deutsche Regelung aber (auch vor dem Grundgesetz) nicht gerechtfertigt werden.[323] Unabhängig davon würde die Lockerung des Inhaberprinzips, verbunden mit der Gestattung kapitalgesellschaftlicher Formen, Skalenvorteile, auch zum Wohl der Kunden, eröffnen. Das Bild des „Apothekers in seiner Apotheke" würde durch das des – selbständigen oder angestellten – Apothekers in „*einer* Apotheke" ersetzt.[324] Denn wenn angestellten, fachlich weisungsfreien Rechtsanwälten ordnungsgemäße Rechtsberatung ebenso zugetraut wird wie z.B. angestellten Chirurgen (im profitorientierten privaten Krankenhaus) eine Herzoperation, kann angestellten (Filial-)apothekern bei Abwesenheit des Inhabers kein Misstandspotenzial unterstellt werden. Dies gilt dann umso mehr, wenn die in apothekenrechtlichen Regelungen bislang nur anklingende fachliche Unabhängigkeit aller Apotheker gesetzlich deutlicher und in Anlehnung an andere Freie Berufe festgeschrieben wird.[325] Der Grad an fachlicher Unabhängigkeit dürfte bei räumlicher Distanz vom Inhaber des Betriebs, wie sie für Apotheken typisch wäre, grundsätzlich höher ausfallen als bei Angestellten innerhalb einer Betriebseinheit. Im Gegenzug kann allerdings erwogen werden, die Beteiligung an Apothekengesellschaften abweichend von dem unter (a) vorgeschlagenen Modell auf approbierte Apotheker zu beschränken. Berufsübergreifende Zusammenschlüsse unter Einschluss von Apothekern sind, da diese anders als andere Freiberufler mit dem Warenvertrieb befasst sind, meist nicht sinnvoll; ihre Vorteile könnten die mit multidisziplinären Sozietäten stets einhergehenden Unabhängigkeitseinbußen nicht aufwiegen. Insbesondere sollten Zusammenschlüsse von Ärzten und Apothekern unterbunden werden, denen wegen der Einbindung beider Berufe in gesetzliche Systeme der Kostenerstattung ein höheres Missbrauchspotenzial innewohnt.[326]

---

322 Darauf verweisen *Streinz/Herrmann,* EuZW 2006, 455 (458); weniger krit. BVerfGE 17, 232 (249 f.).

323 I.E. ähnlich, wenn auch z.T. ohne Differenzierung nach Personengruppen: *Martini,* DVBl 2007, 10 (13 ff.); *Kleine-Cosack,* DB 2007, 1851 (1854); *ders.,* BB-Special zu Heft 11/2008, 2 (3); *Behme/Petrovic,* NZG 2009, 794 f.; vgl. auch *Manssen,* in: von Mangoldt/Klein/Starck (o. Fn. 114), Art. 12 Rn. 186. Entgegen *Tisch,* EuR 2007, Beiheft 2, 93 (99), steht Art. 152 V 1 EG (Art. 168 V 1 AEU) einer Aufhebung des Fremdbesitzverbots aus grundfreiheitsrechtlichen Gründen nicht entgegen.

324 I.d.S. *Kruis,* EuZW 2007, 175 (177).

325 Vgl. bisher § 2 V Nr. 2 und § 10 ApothG sowie § 2 Apothekenbetriebsordnung. Für eine Festschreibung der Unabhängigkeit *Martini,* DVBl 2007, 10 (15).

326 Vgl. zum Kollusionspotenzial z.B. *Gaßner/Klars,* PharmR 2002, 309 (315 ff.).

3. Gestaltung der Dienstleistungsentgelte

a) Grundlagen: Mindest- und Höchstpreise sowie Gebührenstaffelung

Entgeltregulierung durch Gebührenordnungen, die Mindest- und/ oder Höchstpreise fixieren, ist trotz gewisser Aufweichungen ein Charakteristikum vieler Freier Berufe geblieben. Das Gebührenrecht lässt Durchbrechungen des Gebührenrahmens – mitunter sind nur in eine Richtung Plafonds fixiert – in sehr unterschiedlichem Maße zu. Die für die Festschreibung der Entgelte angeführten Begründungen sind mannigfach:[327] Erschwinglichkeit zentraler Dienstleistungen sichern, Dienstleistungsanbieter vor ruinösem Preiswettbewerb schützen, das Informationsgefälle zwischen Dienstleistungserbringer und -empfänger ausgleichen, die Rechtspflege ordnen, etc. Erfolgt der finanzielle Ausgleich innerhalb komplexer Strukturen, wie bei Medizinern im Gesundheitssystem, kann z.B. auch deren Schutz zur Begründung herangezogen werden.[328] Während das Europäische Parlament den Beitrag verbindlicher Preise zur Qualitätssicherung freiberuflicher Dienstleistungen würdigte,[329] bezweifelt die Kommission ihre Erforderlichkeit und sieht sie vielmehr als Vehikel einer den Verbrauchern abträglichen Hochpreispolitik.[330]

Indem Art. 15 II lit. g DLRL Mindest- und Höchsthonorare auf den Prüfstand stellt, setzt die Vorschrift in erster Linie primärrechtliche Vorgaben um: Gebührenregeln können, von berufsständischen Kammern erlassen, gegen Art. 101 AEU (Beschlüsse von Unternehmensvereinigungen) und entsprechende gesetzliche Ermächtigungen gegen das Gebot verstoßen, der Vorschrift volle Wirkung zu verschaffen (Art. 4 III EU – „effet utile").[331] Der Trend zur gesetzlichen Regelung der Gebührenrahmen verlagert die primärrechtliche Betrachtung zu Art. 49 und 56 AEU. Vorgaben über Mindest- oder Höchstpreise können ausländische Leistungserbringer entmutigen, Aufträge anzunehmen (weil dies wegen geringer Höchstpreise zu wenig lukrativ ist), oder deren Vergabe an Ausländer konterkarieren

[327] Für die anwaltliche Tätigkeit umfassend *Kilian,* ZRP 2003, 90 (91).

[328] Vgl. BGHZ 115, 391 (398); *Brück,* Kommentar zur GOÄ, 3. Aufl., 16. EL 2006, § 2 Rn. 1.

[329] Vgl. nur Entschließung zu verbindlichen Honoraren für gewisse freie Berufe, vor allem Rechtsanwälte, und der besonderen Rolle und Stellung der freien Berufe in der modernen Gesellschaft, ABl. Nr. C 21 E v. 24. 1. 2002, S. 364 ff.

[330] KOM(2004) 83 endg., Nr. 32 ff.; diff. *Hardege* (o. Fn. 185), S. 25; s. auch o. Fn. 183 f.

[331] EuGH, verb. Rs. C-94/04 und C-202/04, *Cipolla* und *Meloni,* Slg. 2006, I-11421, Rn. 46.

(weil ihr heimischer Kostenvorteil nicht ausgespielt werden kann). Auch die Niederlassung wird u.U. erschwert, weil gebührenspezifische Kostenvorteile nicht als Starthilfe zum Aufbau einer beruflichen Infrastruktur und eines Mandantenstammes genutzt werden können.[332] Eingegriffen wird auch in die freie Berufsausübung, welche das Recht einschließt, Entgelte auszuhandeln.[333] Erstrecken sich gesetzliche Gebührenvorschriften auf freiberufliche Dienstleistungserbringer, die im europäischen Ausland ansässig sind und lediglich von der Dienstleistungsfreiheit Gebrauch machen, gelten die strikteren Rechtfertigungsmaßstäbe des Art. 14 I lit. b DLRL: Die Maßnahme muss auf eine der drei dort genannten Allgemeinwohlgründe gestützt werden können und die Beschränkung auch im Lichte des episodischen Charakters der Tätigkeit verhältnismäßig sein. Während die Anwendung des RVG auf ausländische Dienstleistungserbringer noch mit dem besonderen Stellenwert der Rechtspflege begründet werden konnte,[334] musste die Geltung der HOAI für im Ausland niedergelassene Dienstleister an Art. 14 I lit. b DLRL scheitern. Die mit ihrer Exemption verbundene Inländerbenachteiligung zeitigt in solchen Fällen wiederum verfassungsrechtlich vermittelten Druck in Richtung einer Aufhebung von Gebührenbarrieren (näher supra B III 1).

Die vorliegende Betrachtung konzentriert sich auf Mindest- und Höchstgebühren i.S.v. Art. 15 II lit. g DLRL; von der Richtlinie nicht erfasste Gebührenordnungen (insbes. medizinische Dienstleistungen) können schon wegen der Vielgestaltigkeit der Entgeltmechanismen nicht näher betrachtet werden. Die DLRL trifft in Deutschland auf bereits aufgelockerte, aber sehr unterschiedlich ausgestaltete Gebührensysteme. Die Bandbreite reicht von Ordnungen, die auf spezielle Gebührenrahmen ganz verzichten (Wirtschaftsprüfer) über variable oder bedingt dispositive (vgl. § 7 HOAI 2009) Gebührenrahmen bis hin zu deutlich strikteren Vorgaben: Für Rechtsanwälte ist – bei forensischen Handlungen – die Mindestgebühr nicht dispositiv (§ 49b I BRAO), der Gebührensatz kann durch Parteivereinbarung nur nach oben durchbrochen werden. Gleiches gilt für die Höchstsätze der Steuerberater, die jedoch an Mindestsätze nicht strikt gebunden sind. Da die Verordnungsermächtigung (§ 64 StBerG) zu Mindestgebühren überhaupt schweigt und als gesetzliches Programm lediglich die „Angemessenheit" der Tarife vorgibt, würde mit einem E-contrario-Schluss aus § 4 I StBerGebV auf die

---

[332] So dezidiert auch EuGH, Rs. *Cipolla* und *Meloni*, Rn. 57ff.

[333] BVerfGE 101, 331 (347); 117, 163 (181).

[334] Vgl. BGH, NJW 2005, 1373 (1374); OLG Stuttgart, NJW-RR 2004, 1581 (1583), unter Verweis auf die Judikatur des EuGH.

generelle Unzulässigkeit, die dort ebenfalls nicht erwähnten Mindestgebühren zu unterschreiten, der Spielraum des Verordnungsgebers überzeichnet.[335] Die Gebührenvorgaben für nicht-forensische Rechtsanwaltsdienstleistungen sind in beiden Richtungen dispositiv. Nur mangels einer Gebührenvereinbarung kommen insoweit – subsidiär – die Mindest- und Höchstsätze der Anlagen zum RVG als „Taxen" (§ 612 II BGB)[336] und höchst hilfsweise § 315f. BGB zur Anwendung. In Studien ist nachgewiesen worden, dass Rechtsanwälte bei rund einem Viertel der Mandate auf Gebührenvereinbarungen rekurrieren, insbesondere weil die RVG-Gebührensätze vielfach als zu niedrig angesehen werden.[337] Für mehrere Freie Berufe wird auch die Vereinbarung von Erfolgshonoraren reguliert; sie können mit Rechtsanwälten, Patentanwälten Steuerberatern und in Steuersachen auch mit Wirtschaftsprüfern vereinbart werden.[338]

b) Rechtliche Würdigung

Die rechtliche Bewertung von Mindest- und Höchstpreisen für freiberufliche Dienstleistungen hängt u.a. davon ab, ob sie als unverbindliche Leitlinien, dispositive Standards oder fixe Vorgaben ausgestaltet sind. Dispositive Regelungen tragen grundsätzlich dem Interesse des durch das Informationsgefälle strukturell benachteiligten Dienstleistungsempfängers an einem Orientierungsrahmen für die Wertbestimmung einer freiberuflichen Dienstleistung Rechnung und schützen vor Übervorteilung. Zugleich gestatten sie dem Dienstleistungserbringer, kostendeckend und nach Maßgabe des tatsächlichen Aufwandes zu arbeiten, der dem Kunden vermittelt werden kann.[339] Wird die Binnenstruktur der Gebührenordnung in die Betrachtung einbezogen, findet sich häufig der Hinweis auf eine Quersubventionierungsfunktion: Da die Gebührenprogression (bei Satzrahmengebühren) sach- bzw. streitwertabhängig verläuft und der mit einem „größeren" Fall verbundene Mehraufwand an Zeit und Sachaufwendungen meist hinter dem Mehrertrag an Gebühren zurückbleibt, werde dem Anwalt hier ein Kostenvorteil zuteil, der es ihm erlaube, auch weniger lukrative kleine Mandate anzunehmen – oder, umge-

---

[335] Überzeugend *Kluth/Goltz/Kujath* 2005 (o. Fn. 44), S. 32ff. m.w.N.

[336] Vgl. *Glöge,* in: MünchKomm BGB, Bd. 4, 4. Aufl. 2009, § 612 Rn. 28; *Weidenkaff,* in: Palandt, BGB, 69. Aufl. 2010, § 612 Rn. 7.

[337] Einzelheiten bei *Hommerich/Kilian,* Vergütungsvereinbarungen deutscher Rechtsanwälte, 2006, S. 29ff.

[338] §§ 3, 4a RVG; § 43a II PatAnwO; § 9a II StBerG; § 55a (aber andererseits § 55 I 1) WPO.

[339] Zur Unsicherheit über allgemeine Preismaßstäbe *Krämer,* AnwBl 2002, 260 (261ff.).

kehrt formuliert, die Nachteile nicht kostendeckender Kleinverfahren zu kompensieren.[340] Mindestpreisen, vor allem absoluten wie in § 49b I BRAO i.V.m. § 4 RVG, wohnt (jedenfalls bei Vertragsrahmengebühren, § 14 I RVG) eine gegenläufige Funktion inne: Sie bereiten im Grundsatz den Boden dafür, dass auch kleine Mandate einen Ertrag abwerfen können,[341] und können, was auch der EuGH anerkannte, den Berufsstand und seine Leistungsfähigkeit vor Dumping schützen. In casu hielt er (anders als die Kommission) Mindestpreise für grundsätzlich tauglich, um dem Verfall der Dienstleistungsqualität durch Preiskämpfe – ein für den italienischen Markt wegen der großen Zahl der Rechtsanwälte nicht ausgeschlossenes Szenario – entgegenzuwirken. Dabei wies er auch darauf hin, dass Dienstleistungsempfänger infolge der Informationsasymmetrie eines Qualitätsverfalls nicht ohne weiteres gewahr würden.[342]

Auch in Deutschland stehen freiberufliche Dienstleistungs- und auch Beschäftigungsmärkte vielfach unter Stress: Das Angebot übersteigt, pauschal betrachtet, die Nachfrage – wie auch Arbeitslosenstatistiken belegen.[343] Dass unterbeschäftigte (aber mangels Berufserfahrung auch unterqualifizierte) Anwälte oder auch Steuerberater durch Preisunterbietung Kundenakquisition betreiben könnten, ist kein völlig unrealistisches Szenario. Examina und Berufsversicherung können dieses Qualitätsrisiko nicht auffangen.[344] Wo und wenn hingegen die Marktlage dauerhafte Auskömmlichkeit freiberuflicher Tätigkeiten selbst bei Konzentration auf Kleinmandate gewährleistet, besteht kein Grund, Mindestsätze vorzugeben. Wird das allgemeine Preisniveau dann zur Unterstützung besonders bedürftiger Mandanten oder auch zur Senkung des Gebührenrisikos des Mandanten[345] im Einzelfall unterschritten, ist kein qualitätsbedrohender Preisverfall zu gewärtigen. Mindestgebühren bereiten ausländischen Neuanwälten gegenüber bereits niedergelassenen einheimischen Anwälten Nachteile, ebenso wie es der Bevölkerung als Trägerin der

---

340 *Hommerich/Kilian* (o. Fn. 337), S. 20 m.w.N.; *Hellwig,* NJW 2005, 1217 (1219); skeptisch *Grunewald* (o. Fn. 229), S. 181.

341 Vgl. *Henssler,* AnwBl 2009, 1 (5).

342 EuGH, verb. Rs. C-94/04 und C-202/04, *Cipolla* und *Meloni,* Slg. 2006, I-11421, Rn. 58ff., 65ff.

343 Spanne der Arbeitslosenquoten für ausgewählte Freie Berufe (1999 bis 2005): Rechtsanwälte 17,6–23,9%, Steuerberater 4,3–6,2%, Architekten 12,2–17,1%, Ärzte 3,8–5,6%, Wirtschaftsprüfer 4,3–6,2% (Angaben nach: Institut für Arbeitsmarkt und Berufsforschung, www.pallas/iab.de/bisds/berufe.htm).

344 So aber *Vogelheim/Naujork,* NJW 2007, 265 (267ff.) (zur HOAI); skeptisch auch *Jickeli/Neidert,* Die Ansprüche privater Dienstleistungserbringer aus der Europäischen Dienstleistungsrichtlinie, in: Verein Kieler Doctores Iuris (o. Fn. 215), S. 1 (14).

345 Dazu *Grunewald* (o. Fn. 229), S. 181.

passiven Dienstleistungsfreiheit zum Nachteil gereicht, dass ihr der Genuss eines niedrigeren Preises vorenthalten bleibt. Sie sind durch Belange des Verbraucherschutzes und der Rechtspflege so lange nicht legitimiert, wie nicht durch Neuzugänge aus dem In- oder Ausland Angebot und Nachfrage zur Deckung gebracht werden.

Ob das System der Gebühren*progression* an Art. 15 II lit. g DLRL gemessen werden kann, erscheint auf den ersten Blick zweifelhaft; denn es beruht nicht per se auf Festpreisen. Vielmehr ist es dann besonders wirksam, wenn der Gebührenrahmen, was die Gebührenordnungen nicht ausschließen, nach oben durchbrochen wird. Andererseits geht mit der Progression der Gebühren immer auch eine solche der Mindestpreise für freiberufliche Dienstleistungen einher, welche Dienstleistungsempfänger und europäische Rechtsanwälte belasten kann. Damit diese potenzielle Beschränkung der Niederlassungsfreiheit durch das sozialstaatliche Ziel der Quersubventionierung kleiner Mandate (z.B. im Familien- oder Sozialrecht) gerechtfertigt ist, müssen ihre Geeignetheit und Erforderlichkeit in prognostischer Hinsicht plausibel dargelegt werden.[346] Jüngere Studien haben ergeben, dass die Quersubventionierung nur noch in Kanzleien mit bis zu zehn Rechtsanwälten funktioniert, während in Einzelkanzleien wegen ganz überwiegend ertragsschwacher Mandate und bei Großkanzleien, hier aufgrund der Häufung ertragsstarker Mandate, wenig Raum für sie bleibt; dies wird auf die zunehmende Segmentierung des Anwaltsmarktes zurückgeführt.[347] Im Lichte der Einschätzungsprärogative, die Mitgliedstaaten bei der Bestimmung und Verfolgung von Gemeinwohlzielen eingeräumt ist, des Fehlens langfristig angelegter Studien zu Kanzleigrößen und ihrem Verhältnis zu Quersubventionierungsspielräumen, schließlich der Tatsache, dass Quersubventionierung immerhin in einer Vielzahl der Konstellationen (noch) wirkt, verbietet sich das Verdikt der Europarechtswidrigkeit. Selbst auf der Basis der Annahme, dass die Quersubventionierung an Effizienz verloren habe, würde sich doch das eigentliche Problem – das nicht in der Gebührenprogression, sondern in den Gebühreneckwerten liegt – dem Zugriff entziehen. Denn solange Mindestgebühren, gleich ob statisch oder progressiv, im Kampf gegen Dumping gerechtfertigt sind, schlägt die Wirkungslosigkeit des Quersubventionskonzepts auf die rechtliche Beurteilung nicht durch. Die strukturelle Benachteiligung von Einzelanwälten könnte (unabhängig von diesem Konzept) auch dadurch behoben werden, dass die Mindestgebühren für ertragsschwache Mandate beibehalten, aber erhöht werden. Letztlich muss es der politischen

[346] *Cornils,* in: Schlachter/Ohler (o. Fn. 22), Art. 15 Rn. 23.
[347] *Hommerich/Kilian* (o. Fn. 337), S. 20, 24, 26.

Entscheidung des Gesetzgebers anheim gestellt bleiben, ob er Einzelanwälte in der Weise schützt, dass ihnen die Chance eröffnet wird, durch Preisunterbietung Marktanteile zu erschließen, oder indem er im Gegenteil existenzsichernde Mindestpreise anordnet – sofern nur das legislative Modell in sich widerspruchsfrei bleibt.[348] Die Gebührenrahmen für Rechtsanwälte und Steuerberater verstoßen – gegenwärtig – nicht gegen Europarecht und sind auch mit der Berufsfreiheit vereinbar: Die „Gängelung" der Freiberufler durch Festsetzung der Preise wird nicht nur durch den weitgehend dispositiven Charakter der Taxen abgemildert, sondern erfüllt auch, wie gezeigt, legitime Zwecke. Der Gesetzgeber darf im Rahmen seiner sozialstaatlichen Einschätzungsprärogative darauf verweisen, dass auf manchen vergleichbaren, aber preislich unregulierten ausländischen Dienstleistungsmärkten teils höhere Durchschnittsgebühren anfallen und damit z.B. anwaltliche Dienstleistungen für manche Bevölkerungsteile weniger erschwinglich sind als in Deutschland.[349] Entgegen der Ansicht der Kommission[350] ist ein *allgemeiner* Konnex von Mindest-, Höchst oder Festpreisen und hohem Preis- und niedrigem Leistungsstandard jedenfalls nicht belegbar.

c) Erfolgshonorare

Eine Modifikation erfahren die Preisvorgaben für Freiberufler, soweit die Gebührenordnungen Erfolgshonorare zulassen oder beschränken. Für sich genommen fällt die gesetzliche Beschränkung der Konditionalität zwar nicht unter § 15 II lit. g DLRL, doch kann in der Beschränkung der Erfolgshonorare eine Bekräftigung der verbindlichen Mindest- oder Höchstgebührensätze liegen. Die Niederlassungs- oder Dienstleistungsfreiheit ist beschränkt, sobald etwa Rechtsanwälte ausländischer Herkunft gehindert werden, den Wettbewerbsvorteil der im Herkunftsland üblichen Erfolgshonorarvereinbarung auszuspielen. Die unterschiedliche Ausgestaltung der Erfolgshonorare spiegelt die Tatsache, dass „Erfolg" nach Maßgabe des jeweiligen Berufs durchaus unterschiedliche Bedeutung haben kann: Die prozessuale Alternative „obsiegen oder unterliegen" lässt sich auf Steuerberater und Wirtschaftsprüfer, deren Recht Vereinbarungen von Erfolgshonoraren bedingt zulässt, nicht ohne weiteres übertragen. Die für Rechtsanwälte geltende Regelung (§§ 3a, 4a RVG) gibt sich insoweit komplexer, als ein Junktim zwischen Unter- und Überschreitung des Rahmens angeordnet wird. Abweichend von

---

[348] Grundlegend BVerfGE 121, 317 (356ff.), sowie o. Fn. 175.
[349] *Henssler,* AnwBl 2009, 1 (4).
[350] Vgl. KOM(2004) 83 endg., Nr. 31f.

§ 49b I RVG darf für den Fall des Misserfolgs im Verfahren der Honoraranspruch ganz oder teilweise entfallen, wenn im Gegenzug für den Fall des Erfolges eine höhere als die gesetzliche Gebühr festgesetzt wird. Über das zusätzliche Erfordernis, wonach der Auftraggeber nach seinen wirtschaftlichen Verhältnissen ohne eine solche Vereinbarung von der Rechtsverfolgung abgehalten worden wäre, stellt der Gesetzgeber klar, dass das Erfolgshonorar nur als Notanker dienen soll, wenn aus wirtschaftlichen Gründen der Rechtsweg versperrt, das Erfolgshonorar also alternativlos ist.[351]

Mit der koordinierten, aber begrenzten Lockerung zuvor bestehender Restriktionen bei verschiedenen Freien Berufen[352] reagierte der Gesetzgeber auf eine Entscheidung des BVerfG. Dieses attestierte dem Verbot von Erfolgshonoraren bei Rechtsanwälten zwar grundsätzlich Verfassungskonformität: Es schütze die berufliche Unabhängigkeit (Unterbinden unlauterer Prozessführung) ebenso wie die Mandanten und stelle die Waffengleichheit der Parteien sicher.[353] Gegeißelt wurde jedoch die Absolutheit der Verbotsregelung, die mangels Ausnahmen Rechtsanwälte übermäßig belaste und die Rechtsverfolgung finanziell minderbemittelter Rechtsuchender erschwere, damit dysfunktional und kontraproduktiv sei.[354] Der Bundesrat stutzte die Gesetzesnovelle bewusst auf das nach dem Urteil des BVerfG für verfassungsrechtlich geboten erachtete Minimum.[355] Nur wenn der Mandant das wirtschaftliche Risiko des Verfahrens nicht tragen kann, wird die Mindestgebührenbarriere durchbrochen; das Risiko übernimmt dann der Anwalt. Der im Erfolgsfall fällige, über der Gebührenobergrenze liegende „Erfolgszuschlag" gleicht diese Risikoübernahme aus.[356] Trotz Unschärfen im Detail (wie hoch darf der Erfolgsaufschlag nach Maßgabe des Prozessrisikos sein?) erscheint diese Regelung keineswegs unbalanciert. Sie durchbricht die qualitätssichernde Mindestgebührenregelung nur in dem Umfang, in dem es zur Verwirklichung des Rechtsschutzes geboten ist. Dem lässt sich nicht entgegenhalten, Erfolgshonorare förderten die Dienstleis-

---

[351] So BT-Drs. 16/8916 v. 23. 4. 2008, S. 17; *Teubel,* in: Mayer/Kroiß, RVG, § 4 a Rn. 9 f.

[352] §§ 3, 4 a RVG; § 43 a II PatAnwO; § 9 a II StBerG; § 55 a (aber andererseits § 55 I 1) WPO.

[353] Zum Gesamtkomplex BVerfGE 117, 163 (188 ff.).

[354] BVerfGE 117, 163 (194 ff.).

[355] So *Henssler,* AnwBl 2008, 721 (725), unter Hinweis auf BT-Drs. 16/8916. BT-Drs. 16/8384, S. 10 f. und BT-Drs. 16/8916, S. 14.

[356] Die Gebühren könnten sich verdoppeln, wenn die Erfolgschance nur mit 50% anzusetzen ist. Vgl. *Teubel,* in: Mayer/Kroiß, RVG, 3. Aufl. 2008, § 4 a Rn. 42; *Mayer,* in: Gerold/Schmidt/*Mayer,* RVG, 18. Aufl. 2008, § 4 a Rn. 13; *Henssler,* AnwBl 2008, 721 (725); *Kilian,* BB 2007, 1061 (1063). – Der genannte Maßstab ist zu grob, um zu unangemessenen Ergebnissen zu führen, wo die Erfolgschancen ausgesprochen gering sind.

tungsqualität, da sie die Dienstleistungserbringer zu besonderem Engagement anhielten, weshalb diese Durchbrechung der Mindesthonorarvorgaben bedingungslos zugelassen werden müsse; denn der Ausgang eines Verfahrens hängt nicht allein von Sachverstand und Geschick des Prozessvertreters ab. Die Gefahr des Preis- und Qualitätsdumpings ist, da § 4a RVG für den Misserfolgsfall auch ein herabgesetztes Honorar zulässt, nicht gebannt. Die nach alledem sachgerechte und systemkonforme Regelung lässt sich nicht nur verfassungsrechtlich, sondern auch europarechtlich legitimieren.[357]

d) Rechtspolitische Schlüsse

Mögen sich Entgeltbestimmungen auch als rechtlich unbedenklich erweisen, kann eine maßvolle Liberalisierung aus rechtspolitischen Gründen u.U. dennoch angezeigt sein. Mit dem Abstandnehmen von verbindlichen Gebührensätzen würde Deutschland an Rechtsentwicklungen in Nachbarstaaten anschließen[358] und damit dem grenzüberschreitenden Austausch von Rechtsdienstleistungen Vorschub leisten. Zudem würde eine Angleichung zwischen den freiberuflichen Ordnungen innerhalb Deutschlands erzielt – freilich ebenso zwischen Freien Berufen und Gewerbe. Auch das Verbot erfolgsabhängiger Geldleistungen ist dem Gewerbe fremd. Eine verfassungsrechtliche Pflicht, am Verbot des Erfolgshonorars festzuhalten, besteht, wie das BVerfG klarstellte, auch bei Rechtsanwälten nicht,[359] und selbst die völlige Freigabe der Preise für freiberufliche Dienstleistungen würde grundrechtliche Schutzpflichten nicht verletzen, da das UWG und § 138 BGB der Honorargestaltung Grenzen ziehen würden. Bei anwaltlichen Erfolgshonoraren könnte auf sozialstaatliche Abfederung in dem Maße verzichtet werden, als sie als Gegengewicht für befürchtete Qualitätsverluste durch Gebührenwettbewerb entbehrlich scheint. Eine gesetzliche Regelung, welche den Honoraranspruch für den Fall des Unterliegens *kategorisch* ausschließt, würde Dumpinganreize bereits schwächen, wirkte allerdings auf die Rechtsanwälte in der Gesamtschau ähnlich belastend wie das geltende Recht. Solange und soweit die Gebührenordnungen Gewähr für maßvolle Honorare vor allem bei „kleinen“ Mandaten bieten, sollten sie vorerst beibehalten werden. Mindestgebühren

---

[357] A.A. – auf bloßer Opportunität auf eine Rechtspflicht schließend – *Kleine-Cosack,* BB 2008, 1406 (1408).

[358] So etwa für Italien *Hellwig,* AnwBl 2007, 576 (579), sowie oben Fn. 176. – In England und Wales sind Erfolgshonorare für „solicitors“ nur in bestimmten Angelegenheiten untersagt; vgl. *Nuckelt,* Regelungssysteme der rechts-, steuer- und wirtschaftsberatenden Freien Berufe in Deutschland, England und Wales, 2006, S. 122.

[359] BVerfGE 117, 163 (200).

können dabei als dispositive Schwelle ausgestaltet werden, wenn durch ergänzende Bestimmungen die Transparenz des zu erwartenden Leistungsumfangs gewährleistet ist: Es ist zu verhindern, dass Dienstleistungsempfänger, wie bereits jetzt in manchen Fällen, durch nur scheinbar kostengünstige Angebote einer „Beratung light" geködert werden.[360]

Was „quota litis"-Vereinbarungen betrifft, sollte ihr Verbot gesetzlich bekräftigt werden. Lässt sich der Rechtsanwalt einen bestimmten Anteil des erfolgreich eingeklagten Betrages versprechen, verlässt er – obgleich dieser Anteil, nicht anders als der Erfolgszuschlag nach § 4 a RVG, nach den Erfolgsaussichten bemessen ist – seine Stellung als *unabhängiges* Organ der Rechtspflege und „macht gemeinsame Sache" mit dem Mandanten.[361] Er operiert dann ähnlich wie ein Zessionar, dessen Anteil am Forderungspaket durch den Zedenten (den Mandanten) prozessstandschaftlich geltend gemacht wird. Quota-litis-Vereinbarungen sind keine versicherungsartigen Konstrukte wie das klassische Erfolgshonorar, sondern im Binnenverhältnis wirksame Beteiligungsmodi, welche dem Unabhängigkeitsethos Freier Berufe widersprechen.[362] Der österreichische Verfassungsgerichtshof bestätigte 2008 die Rechtmäßigkeit des nach dortigem Recht sittenwidrigen Quota-litis-Verbots. Er verwies dabei vor allem auf das Erfordernis, die rechtsuchende Bevölkerung zu schützen, welche die Prozessaussichten nicht ausreichend beurteilen könne.[363]

4. Werbebeschränkungen (Verbote kommerzieller Kommunikation)

a) Normativer Befund

Die einstmals strikten Werbeverbote[364] sind auch in der Kerngruppe der Freien Berufe milderen Regelungen gewichen. Aus regu-

---

[360] Insofern sind auch Angebote für kostengünstige Online- bzw. „Quick-Info"-Beratungen (insbes. im Internet) oder „Jura to go" auch bei Akzeptanzvorbehalten für den Fall größerer Komplexität nicht unproblematisch.

[361] So auch *Kilian,* BB 2007, 1060 (1066); *Henssler,* AnwBl 2009, 1 (5); weniger strikt BVerfGE 117, 163 (199).

[362] A. A. *Kleine-Cosack,* NJW 2007, 1405 (1406).

[363] VfGH, Az. B 330/07 v. 24. 9. 2008, Nr. 1.3.2. (http://www.vfgh.gv.at) zu § 879 II Nr. 2 ABGB, § 16 I RAO. Eine Vorlage an den EuGH wurde abgelehnt, da der VfGH schon das Vorliegen eines grenzüberschreitenden Bezugs verneinte.

[364] § 2 I Standesrichtlinien von 1973 (zu § 43 BRAO): „Der Rechtsanwalt handelt standeswidrig, wenn er um Praxis wirbt." Umfassend zur Rechtsentwicklung *Breuer,* Anwaltliche Werbung, 1994, S. 41 ff.; *Schulte,* Das Werberecht der freien Berufe, 2001, S. 1 ff.; *Busse* (o. Fn. 44), S. 573 ff.

lativer Sicht sind sie besonders ambivalenzbehaftet. Da die Dienstleistungsempfänger, wie dargestellt (supra A I 3 (6)), aufgrund der Informationsasymmetrie zwischen den Vertragspartnern dem Freiberufler meist blindes Vertrauen schenken müssen, kann unseriöse und unsachliche Werbung die Kundenbeziehungen stärker beeinträchtigen als bei den meisten gewerblichen Dienstleistern. Andererseits ist gerade Werbung ein Vehikel, um Kunden dringend benötigte Informationen über Qualifikation und Qualität zu vermitteln. Beide Seiten sind auf Werbung u. U. regelrecht angewiesen, *gerade weil* auf Mundpropaganda aufgrund der Informationsasymmetrie kein Verlass ist.[365] Wirkt Werbung demnach je nach Konstellation und Umfang vertrauensbildend oder vertrauenshemmend, muss eine differenzierte Betrachtung an die Stelle der These rücken, zur Profilerhaltung der Berufsgruppe seien Werberestriktionen unabdingbar. Dies gilt umso mehr, als sich auch bei einzelnen gewerblichen Berufen die Inanspruchnahme besonderen Vertrauens in Werberestriktionen widerspiegelt,[366] etwa nach Maßgabe der § 15 WpPG und § 36b WpHG (wohlgemerkt in Umsetzung europarechtlicher Vorgaben) für Kapitalmarktakteure. Nicht nur deswegen, sondern auch wegen der zwischenzeitlich vor allem durch das BVerfG vorangetriebenen[367] Lockerung der Werbebeschränkungen für Freie Berufe gewährleistet die Ausgestaltung kommerzieller Kommunikation längst keine verlässliche Abgrenzung mehr zum Gewerbe hin. Selbst wenn Werbeverbote zu Jahrtausendbeginn noch „eine der wenigen Konstanten [...] der freien akademischen Berufe" gewesen sein sollten,[368] trifft dieser Befund im Jahr 2010 jedenfalls nicht mehr zu.

Werbebeschränkungen sind bei den einzelnen Freien Berufen noch immer sehr unterschiedlich ausgeprägt; nicht auf alle Details kann hier eingegangen werden. Praktisch aufgehoben sind sie im Recht der Wirtschaftsprüfer.[369] § 57a StBerG, § 39b PatAnwO und § 43b BRAO lassen Werbung unisono zu, wenn sie in Form und Inhalt sachlich und nicht auf die Erteilung eines Auftrags im Einzelfall ge-

---

[365] KOM(2004) 83 endg., Nr. 28ff., 45; *Lenk* (o. Fn. 129), S. 129; zum Werbebedürfnis der Rechtsanwälte Kort, GRUR 1997, 701 (709); zu informationsbedingten Problemen der Anwaltssuche *Hommerich/Kilian,* Mandanten und ihre Anwälte, 2007, S. 130ff.

[366] Diesen Fällen misst etwa *Ruffert,* in: BeckOK GG, Art. 12 Rn. 111 m. w. N., zu geringe Bedeutung zu.

[367] Vgl. insbes. BVerfGE 76, 171 (184ff.) – Rechtsanwälte; 85, 248 (259ff.) – Ärzte; 94, 372 (398f.) – Apotheker; 111, 366 (379) – Steuerberater; BVerfG, NJW 2002, 309 – Tierärzte.

[368] *Lorz,* NJW 2002, 169, unter Berufung auf *Ring,* Werberecht der Rechtsanwälte, 1990, S. 35; *Taupitz,* JZ 1988, 228 (231).

[369] § 52 WPO: „Werbung ist zulässig, es sei denn, sie ist unlauter" – faktisch eine Rechtsgrundverweisung auf § 1 UWG.

richtet ist, wobei den berufsständischen Vertretern der letztgenannten zwei Berufsgruppen „im Rahmen der Vorschriften dieses Gesetzes“ die Ausformung der Werbebeschränkungen durch Satzung (bei Rechtsanwälten auch hinsichtlich der Benennung von Interessenschwerpunkten) gestattet ist.[370] Ausführlich, allerdings ohne Vorgabe eines gesetzlichen Rahmens,[371] widmen sich die Berufsordnungen der Ärzte den Grenzen zulässiger Werbung (§ 27 MusterBerO): Sachliche Information sei zulässig, für „berufswidrig“ wird dagegen Werbung erklärt, die zu einer „Kommerzialisierung der Arztberufs“ führe, wie „insbesondere eine anpreisende, irreführende oder vergleichende Werbung“. Allgemein gilt, dass ein Anpreisen besonders günstiger Tarife auch dort, wo keine verbindlichen Mindestpreise angeordnet sind, dem Berufsrecht oder dem UWG widerstreiten kann.[372]

Die Kommission identifizierte Werbebeschränkungen frühzeitig als ein Haupthindernis für den freien Dienstleistungsverkehr: Die starke Reglementierung erschwere grenzüberschreitende Werbung für berufliches Know-how.[373] Gleichwohl ordnet die DLRL solche Beschränkungen der Rubrik „Qualität der Dienstleistungen“ und nicht explizit der Dienstleistungs- und Niederlassungsfreiheit zu – die beide nicht minder betroffen sind als das Grundrecht der Berufsfreiheit. Als Beschränkungen müssen sie durch einen zwingenden Grund des Allgemeininteresses gerechtfertigt sein (vgl. Art. 24 II 2 DLRL), als Instrument der Qualitätssicherung dienen sie bei reglementierten Berufen zugleich der Wahrung von Unabhängigkeit und Berufsgeheimnis sowie „Würde und Integrität“ des Berufsstandes (Art. 24 II 1 DLRL). Letztere allein ist schwerlich ein zwingender Grund des Allgemeininteresses und muss in Anlehnung an die übrigen Tatbestandsmerkmale restriktiv im Sinne von „Vertrauenswürdigkeit im Rechtsverkehr“ gedeutet werden. So kann ein Gleichlauf von Art. 24 II DLRL und Erfordernissen des deutschen Verfassungs- und des Unionsprimärrechts erreicht werden. Der summa summarum moderat gefasste Art. 24 II DLRL reflektiert die umrissene Ambivalenz von Werberestriktionen, aber auch den Befund, dass kommerzielle Kommunikation andernorts oft noch restriktiver geregelt ist als in Deutschland. Nur absolute Werbeverbote – die es

[370] § 52 II Nr. 2 PatAnwO; § 59b II Nr. 3 BRAO sowie §§ 7ff. BORA.

[371] Das BVerfG (K) erachtete dies für unbedenklich: NJW 2006, 282f.

[372] Dazu bedarf es jedoch eines über die Liquidation hinausgehenden Werbeverhaltens; insofern ist die Ableitung eines „Verbots der beruflichen Werbung durch Preisdumping“ aus § 57, 57a StBerG (*Kluth/Goltz/Kujath* 2005 [o. Fn. 44], S. 47) bedenklich.

[373] Bericht der Kommission an den Rat und das EP – Der Stand des Binnenmarkts für Dienstleistungen, Bericht im Rahmen der ersten Stufe der Binnenmarktstrategie für den Dienstleistungssektor, KOM(2002) 441 endg., I. A. 3.

in Deutschland praktisch nicht mehr gibt[374] – werden für generell unzulässig erklärt, wobei sich die Absolutheit sowohl auf den Inhalt als auch auf das Medium beziehen kann.[375]

b) Rechtliche Würdigung

Beschränkungen der Werbung haben Bestand, wenn der Schutz der Dienstleistungsempfänger (Verbraucherschutz), insbesondere ihrer Gesundheit und ihres Vermögens, und die Lauterkeit des Dienstleistungsverkehrs[376] sowie die berufsständische Unabhängigkeit der Dienstleistungserbringer schwerer wiegen als der Nachteil, den Verbraucher und zugleich der Wettbewerb durch Vorenthalten von Informationen und den einzelne Anbieter kraft der Unmöglichkeit erleiden, sie in bestimmter Form zu übermitteln. Berufsethos (was sich für Freiberufler „geziemt") rechtfertigt Beschränkungen, solange Form oder Inhalt der Werbung nicht die Gefahr einer Irreführung oder Beeinträchtigung von Rechten Dritter innewohnt, jedenfalls nicht.[377] Für die umstrittenen Fälle kann nur – am Beispiel des Rechtsanwaltsberufs – eine grobe Leitlinie angegeben werden: Das Verbot der Werbung mit Umsatz- oder Erfolgszahlen oder in bestimmten Medien (vgl. § 6 II BORA) entbehrt eines sachlichen Grundes. Auch wenn die Zahl geführter oder gewonnener Prozesse nur ein vages und unzuverlässiges Indiz für Qualität darstellt, ist die ihr anhaftende Gefahr der Irreführung von Mandanten nicht größer als die mit dem Verschweigen solcher Informationen verbundene, welches Mandanten auf „Zufallstreffer" oder fehleinschätzungsanfällige „Mundpropaganda" verweist.[378] So verfängt auch der Einwand nicht, solche Zahlen suggerierten ein mit Belangen der Rechtspflege unvereinbares ökonomisch determiniertes Berufsverständnis.[379] Potenzielle Mandanten können Interesse haben zu erfahren, ob es sich um eine große, umsatzstarke und in bestimmten Materien auch erfahrene Kanzlei handelt. Maßgeblich sollte sein, ob die Umsatzzahlen sachlich präsentiert oder in einer Weise angepriesen werden, dass Interessenten zu Fehlschlüssen verleitet werden. Auch die Angabe von Spezialgebieten (vgl. § 7 BORA) ist als Orientierungshilfe

---

[374] A. A. *Calliess,* Länderbericht Deutschland, in: Koeck/Karollus (Hrsg.), The New Services Directive of the European Union (FIDE XXIII Congress), 2008, S. 117 (137 f.).

[375] *Schmidt-Kessel,* in: Schlachter/Ohler (o. Fn. 22), Art. 25 Rn. 11.

[376] Vgl. EuGH, Rs. 34/95, *Konsumentombudsmannen/de Agostini,* Slg. 1997, I-3843, Rn. 53; Rs. C-384/93, *Alpine Investments,* Slg. 1995, I-1141, Rn. 46.

[377] Krit. zu einem moralisch überhöhten Berufsbildschutz auch (ausführlich) *Bomba* (o. Fn. 48), S. 254 ff. m. w. N.

[378] So auch SV BRAK (o. Rn. 232), S. 36 f. m. w. N.; OLG Nürnberg, NJW 2004, 2067; ähnlich die Monopolkommission (o. Fn. 56), Nr. 1100.

[379] So SV BRAK, Abweichende Stellungnahme (o. Fn. 234), S. 6 f.

grundsätzlich sinnvoll und sollte nicht beschränkt werden,[380] es sei denn, Berufszweige haben sich – wie bei Ärzten – so weit auseinander entwickelt, dass weitergehendes Fachwissen nur von einem Spezialisten (Facharzt) erwartet werden kann. Rechtlich problematisch ist das in berufsrechtlichen Vorschriften mitunter ausgesprochene Verbot der Einzelfallwerbung, zumal gerade die Individualität der Dienstleistung ein Typusmerkmal Freier Berufe ist (supra A I 3 (4)). Es kann nicht auf Würde- und Ordnungsgesichtspunkte („Ein Freiberufler geht nicht hausieren"), sondern allenfalls – und nur im Einzelfall[381] – auf Erfordernisse des Verbraucherschutzes und der Lauterkeit gestützt werden: Nur Kontaktaufnahme mit konkret Rechtsschutzbedürftigen durch Anwälte mit Blick auf konkrete Rechtsprobleme oder gar das Abwerben von Mandanten sind insofern unzulässig, ein pauschales Verbot aber weder in Bezug auf Mandate noch Mandanten haltbar.[382] § 43b BRAO schließlich ist teleologisch in der Weise zu reduzieren, dass eine *sachlich abstrakte* persönliche Werbung nicht ausgeschlossen ist.

c) Rechtspolitische Schlüsse

Schon um der Profilierung der Kategorie der Freien Berufe willen sollte ihr Werberecht nicht nur von den erwähnten verfassungs- und europarechtswidrigen Beschränkungen befreit, sondern nach Möglichkeit auch standardisiert werden. Verzicht auf freiberufsspezifische Regelungen, wie ihn § 52 WPO schon jetzt der Sache nach übt, und Verweisung auf das allgemeine Lauterkeitsrecht versprechen Remedur gegenüber der gegenwärtigen Rechtszersplitterung. In §§ 1, 3 UWG, auf die auch Kammern in der Rechtspraxis rekurriert haben, und auch § 6 UWG, der vergleichende Werbung im Ansatz zuließe,[383] können die besonderen Anforderungen Freier Berufe an die Sachlichkeit der übermittelten Informationen in ausreichendem Maße einfließen.[384] Rechtserhebliche Besonderheiten Freier Berufe (Gemeinwohlbezug, Informationsasymmetrie und Vertrauens-

---

[380] A. A. *Bomba* (o. Fn. 48), S. 314 f.

[381] Dazu auch BVerfGE 94, 372 (391 ff.); *Manssen,* in: von Mangoldt/Klein/Starck (o. Fn. 114), Art. 12 Rn. 165.

[382] Für eine Reduktion des Verbots auch *Kluth/Goltz/Kujath* 2005 (o. Fn. 44), S. 76; vgl. auch BGH, NJW 2009, 534 (535).

[383] Skeptisch bzgl. bestehender Verbote *Kleine-Cosack,* Das Werberecht der rechts- und steuerberatenden Berufe, 1999, Rn. 224; *Schulte* (o. Fn. 364), S. 188; *Kluth/Goltz/Kujath* 2005 (o. Fn. 44), S. 80 f.; *Waschkau* (o. Fn. 215), S. 196 f.

[384] Ebenso – dezidiert – *Römermann,* AnwBl 2007, 744 ff.; *Busse* (o. Fn. 44), S. 578; *Henssler,* AnwBl 2008, 721 (727); vgl. auch *Kort,* GRUR 1997, 701 (704 ff., insbes. 705); Monopolkommission (o. Fn. 56), Nr. 1099; *Hardege* (o. Fn. 185), S. 35.

schutz) gestatten, einen Sittenverstoß durch Werbung strenger zu beurteilen als bei gewerblichen Berufen.[385] Zugleich würde die Anwendung der §§ 1, 3ff. UWG, die mit einer Konkretisierung des § 13 II UWG einhergehen sollte,[386] anstelle berufsständischer Regeln dem Trend zum ständischen Formalismus entgegenwirken und verfassungsrechtliche Bedenken wegen „überschießender Selbstregulierung" (supra B I) zerstreuen.

V. Revisionspotenzial jenseits der Dienstleistungsrichtlinie? – Zum Staatsangehörigkeitsvorbehalt im deutschen Notarrecht

Das Notarrecht wird von den Normbefehlen der DLRL nicht erreicht (Art. 2 lit. l) und unterliegt formal weder einem Screeningauftrag, noch gelangen die Art. 5 I lit. a, 14 Nr. 1 und 16 I lit. a DLRL zur Anwendung. Glaubt man der IHS-Studie, so sind der Notarberuf und die notariellen Dienstleistungen in Deutschland stärker reguliert als in allen anderen untersuchten Mitgliedstaaten.[387] Zugang zum Beruf hat in Deutschland, wer die deutsche Staatsangehörigkeit und die Befähigung zum Richteramt vorweisen kann (§ 5 BNotO i.V.m. § 5 DRiG) sowie als Notarassessor im Inland einen Anwärterdienst (§ 7 BNotO) absolviert hat. Gegenüber im Ausland ausgebildeten Notaren und Berufsinteressenten ohne deutsche Staatsangehörigkeit sind die deutschen „Notardienstleistungsmärkte" abgeschottet. Art. 2 II lit. l DLRL stellt solcher Diskriminierung keinen allgemeinen europarechtlichen Persilschein aus. Sie kann immer noch gegen Art. 49 und 56 AEU verstoßen – es sei denn, die Bereichsausnahme des Art. 51 AEU (für mit der Ausübung öffentlicher Gewalt verbundene Tätigkeiten, vgl. auch Art. 2 II lit. i DLRL) kommt zur Anwendung. Zu kaum einer anderen Rechtsfrage werden gegensätzlichere Positionen vertreten.

Die Europäische Kommission hält Art. 51 AEU nicht für einschlägig. Die Einleitung von Vertragsverletzungsverfahren gegen bisher (Dezember 2009) sieben Mitgliedstaaten, darunter Deutschland,[388] wegen mutmaßlicher Verletzung der primärrechtlichen Nie-

[385] *Kort,* GRUR 1997, 701 (705).

[386] Gegen eine Befugnis der Kammern nach der lex lata, nach dem UWG vorzugehen, *Grunewald,* NJW 2002, 1369 (1371) m.w.N.

[387] *Paterson/Fink/Ogus* et al. (o. Fn. 21), Teil 1, S. 57.

[388] Rs. C-61/08- *KOM/Griechenland;* Rs. C-53/08 – *KOM/Österreich;* Rs. C-47/08 – *KOM/Belgien;* Rs. C-50/08 – *KOM/Frankreich;* Rs. C-54/08 – *KOM/Deutschland;* Rs. C-51/08 – *KOM/Luxemburg.* Außerdem stehen notarrechtliche Regelungen der Niederlande (Rs. C-157/09) und Portugals (Rs. C-52/08) im Visier der Kommission; vgl. *Haeder,* ZEuS 2007, 117 (212).

derlassungsfreiheit zwingt diese auch mit Blick auf die Notare zur Überprüfung ihrer Rechtslage. Sollte die Kommission vor dem EuGH obsiegen, würde dies nicht allein zur Folge haben, dass die Beschränkung des Zugangs zum Notarberuf auf Deutsche (§ 5 BNotO) aufgehoben werden müsste. Deutschland müsste darüber hinaus u.a. § 11a S. 1 BNotO streichen und im Ausland ausgebildeten Notaren unter den Voraussetzungen der Art. 13f. BQRL (grundsätzlich also auch mit einer niedrigeren als der hierzulande verlangten Qualifikation) das Recht einräumen, in Deutschland notarielle Dienstleistungen zu erbringen.[389] Rat und Kommission hatten die Einfügung einer dem Art. 2 lit. l DLRL entsprechenden Ausnahmeklausel in die BQRL abgelehnt und ließen es bei einem als deklaratorisch aufzufassenden Hinweis auf die mögliche Anwendung des Art. 51 AEU (Art. 45 EG) auf Tätigkeiten von Notaren – nicht den Beruf an sich – in den Erwägungsgründen bewenden.[390] Soweit diese Bestimmung nicht Platz greift, werden Notare also von der Richtlinie uneingeschränkt erfasst.[391] Auch einer mit Blick auf Art. 51 AEU andernfalls vorstellbaren Vorgabe, dass die deutsche Notarausbildung oder wenigstens -prüfung absolviert werden muss, ist dann der Boden entzogen. Der Notar würde sich, einer gewissen Zahl verbleibender Besonderheiten zum Trotz, in den Reigen der Freien Berufe elegant einfügen. Eine nahe liegende rechtspolitische Konsequenz wäre auch die Streichung des Art. 2 lit. l DLRL, dessen Geschäftsgrundlage – Nichtgeltung der Grundfreiheiten – überholt wäre. Auch wenn das von Gegnern der Kommission gezeichnete Schreckgespenst eines staatlicher Kontrolle entgleitenden „Marktes für Beurkundungen"[392] deutlich überzeichnet scheint, wäre Paradigmenwechsel kein zu geringes Wort für das, was ein stattgebendes Urteil in Deutschland auslösen könnte.

Nach ständiger Rechtsprechung des EuGH kommt Art. 45 EG, heute Art. 51 AEU, nur bei „unmittelbarer und spezifischer Teilnahme an der Ausübung öffentlicher Gewalt" zur Anwendung.[393] Klarheit über deren Voraussetzungen besteht nicht, zumal es an Rechtsstreitigkeiten fehlt, die dem Gerichtshof ernstlich Anlass gaben, die Anwendung des Art. 51 AEU zu bestätigen und nicht nur

---

[389] Vgl. auch *Schill,* NJW 2007, 2014 (2015).

[390] Vgl. Erwägungsgrund 41 („Diese Richtlinie berührt nicht die Anwendung des Artikels 39 Absatz 4 und des Artikels 45 des Vertrags, insbesondere auf Notare.").

[391] So auch *Haeder,* ZEuS 2007, 117 (149).

[392] So *Karpenstein/Liebach,* EuZW 2009, 161 (162), welche die Möglichkeiten staatlicher Regulierung unterschätzen.

[393] EuGH, Rs. 2/74, *Reyners,* Slg. 1974, 631, Rn. 45; Rs. C-42/92, *Thijssen,* Slg. 1993, I-4047, Rn. 8; Rs. C-114/97, *Kommission/Spanien,* Slg. 1998, I-6717, Rn. 35.

zu negieren.[394] Von Art. 45 IV AEU (vormals Art. 39 IV EG) hebt sich Art. 51 AEU zwar dadurch ab, dass nicht allein die berufliche Betätigung, sondern auch die institutionelle Erfüllung einer Aufgabe (der mit hoheitsrechtlichen Aufgaben beliehene[395] Notar) betrachtet wird. In ihrer Ratio unterscheiden sich die Vorschriften jedoch kaum: Beide schließen Ausländer von einer Tätigkeit aus, wenn deren Natur den Einsatz eigener Staatsangehöriger erfordert; nur unter dieser Voraussetzung ist eine Tätigkeit „hoheitlich". Eine Verhältnismäßigkeitsprüfung im eigentlichen Sinne findet nicht statt,[396] vielmehr beruht die Subsumtion selbst auf einer ihr vergleichbaren Abwägung der Umstände. Als hoheitlich im Sinne des Art. 45 IV AEU qualifiziert der EuGH m.a.W. Tätigkeiten, wenn (und weil) sie „ein Verhältnis besonderer Verbundenheit des jeweiligen Stelleninhabers zum Staat sowie die Gegenseitigkeit der Rechte und Pflichten voraussetzen, die dem Staatsangehörigkeitsband zugrunde liegen".[397] Allein die Überantwortung von Aufgaben auf Private entkräftet die Notwendigkeit einer besonders staatsnahen Wahrnehmung noch nicht, da andernfalls die ideelle Grundlage des Art. 51 AEU negiert würde. Andererseits müssen in einem „Raum der Freiheit, der Sicherheit und des Rechts", wo Rechtsstaatlichkeit und Demokratie gemeinschaftsweit wirken, Ausnahmeklauseln wie Art. 51 AEU überholt erscheinen,[398] zumindest aber müssen sie wie alle Ausnahmen von vertraglichen Grundprinzipien ausgesprochen eng ausgelegt werden.[399]

Auch wenn Art. 51 AEU auf einzelne Tätigkeiten beschränkt ist, kann ausnahmsweise ein Beruf als ganzer von der Bereichsausnahme erfasst werden, wenn wegen der berufsprägenden Wirkung der in Bezug genommenen Tätigkeit die Ratio der Vorschrift sonst insgesamt konterkariert würde.[400] Diese Ratio – Vermeidung der Ausübung öffentlicher Gewalt durch Ausländer[401] – allerdings hat sich, wie gezeigt, dem Vertrags- und Binnenmarktkontext entfremdet.

---

[394] Übersicht über die Kasuistik: *Henssler/Kilian,* EuR 2005, 192 (198ff.).

[395] *Schill,* NJW 2007, 2014 (2017f.); *Preuß,* GPR 2008, 2 (5ff.); *Heinz/Ritter,* EuZW 2009, 599 (602); jeweils m.w.N.

[396] Vgl. auch *Henssler/Kilian,* EuR 2005, 192 (193); anders aber *Tiedje/Troberg,* in: von der Groeben/Schwarze (Hrsg.), EUV/EGV, 6. Aufl. 2003, Art. 45 EGV Rn. 11f.; *Bröhmer,* in: Calliess/Ruffert (o. Fn. 121), Art. 45 EGV Rn. 3, 5; missverständlich EuGH, Rs. 147/86, *Kommission/Griechenland,* Slg. 1988, 1637, Rn. 7, 9.

[397] EuGH, Rs. 149/79, *Kommission/Belgien,* Slg. 1980, 3881, Rn. 10; Rs. C-47/02, *Anker,* Slg. 2003, I-10447, Rn. 58.

[398] *Kämmerer,* EuR 2001, 27 (38ff., 42ff.).

[399] Markant EuGH, Rs. C-348/96, *Calfa,* Slg. 1999, I-11, Rn. 23.

[400] Vgl. *Hergeth* (o. Fn. 88), S. 190ff. m.w.N.; *Schlag,* in: Schwarze (o. Fn. 192), Art. 45 EGV Rn. 7 m.w.N.; *Schill,* NJW 2007, 2014 (2017).

[401] EuGH, Rs. 2/74, *Reyners,* Slg. 1974, 631, Rn. 46f.

Keinesfalls erfordert die Tätigkeit als Notar per se besondere Staatsverbundenheit.[402] Es kommt allein darauf an, ob die Tätigkeiten kraft Bedeutung, Dauer, Zwangswirkung etc. hinreichend gewichtig sind, um die Privilegierung eigener Bürger zu begründen.[403] Das Diktum des EuGH, die Tragweite der Ausnahme müsse auf das beschränkt bleiben, was zur „Wahrung der allgemeinen Belange des betreffenden Mitgliedstaats unbedingt erforderlich ist", ignoriert, dass diese Belange im Kern selbstreferenziell sind, und eignet sich zur Subsumtion daher zu wenig; immerhin wollte der Gerichtshof die nur „sporadische oder ausnahmsweise" Befugniswahrnehmung ausschließen.[404] Bei Seekapitänen hielt der EuGH die Anwendung der Parallelvorschrift des Art. 51 IV AEU, obschon ihnen nur akzidentiell „notarielle Befugnisse" zugewiesen sind, unter den genannten Bedingungen – regelmäßige Ausübung der hoheitsrechtlichen Befugnisse, die nicht nur einen sehr geringen Teil der Tätigkeit ausmachen – für möglich.[405] Zu geringfügig im Sinne dieses Maßstabs schienen ihm die polizei- und personenstandsrechtlichen Befugnisse deutscher Seekapitäne ungeachtet ihrer hoheitlichen, flaggenstaatsbezogenen Komponente.[406] Inwieweit jene einen Vergleich mit den selbständigen und daher unter Art. 51 AEU fallenden Notaren gestatten, ist schon deswegen zweifelhaft, weil Kapitänen, wenn sie im hoheitsfreien Raum agieren, eine völkerrechtlich fundierte Sonderstellung mit Blick auf den Flaggenstaat zufällt.[407] Der undifferenzierte Rekurs des EuGH auf „notarielle Zuständigkeiten" in beiden Urteilen birgt jedenfalls keinen Erkenntnisgewinn. Allein die Feststellung, dass eine einzelne Tätigkeit, die Art. 45 IV AEU mit aktiviert, sonst den mit insgesamt ganz unterschiedlichen Tätigkeiten befassten Notaren zusteht, kann die Anwendung des Art. 51 AEU auf diese Berufsgruppe gewiss nicht begründen. Dies gilt um so mehr, als sich die Befugnisse der Notare zwischen den Mitgliedstaaten (insbesondere zwischen Notariaten lateinischer und angelsächsischer Prägung) nicht unerheblich unterscheiden;[408] „notarielle Zuständigkeiten" par excellence kann das Europarecht also gar nicht

---

[402] *Haeder,* ZEuS 2007, 117 (137); *Randelzhofer/Forsthoff,* in: Grabitz/Hilf, Recht der EU, 18. EL 2001, Art. 45 EGV Rn. 2.

[403] Vgl. statt vieler EuGH, Rs. 149/79, *Kommission/Belgien,* Slg. 1980, 3881, Rn. 10ff. Kritik am Maßstab auch bei *Preuß,* GPR 2008, 1 (6); vgl. auch *Haeder,* ZEuS 2007, 117 (129).

[404] Vgl. EuGH, Rs. C-405/01, *Colegio de Oficiales de la Marina Mercante Española* [Marina Mercante], Slg. 2003, I-10391, Rn. 44 (für Art. 45 IV AEU).

[405] EuGH, Rs. C-405/01, *Marina Mercante,* Rn. 50.

[406] EuGH, Rs. C-47/02, *Anker,* Slg. 2003, I-10447, Rn. 61.

[407] Dazu *Wolfrum,* in: Dahm/Delbrück/Wolfrum, Völkerrecht, Bd. I/2, 2. Aufl. 2002, S. 353f. Vgl. i.Ü. Art. 92 UN-SRÜ.

[408] Übersicht bei *Hergeth* (o. Fn. 88), S. 31ff.

kennen. Auch Hinweise auf die Genese des Art. 45 EG[409] führen nicht weiter: Mit ihrer Entscheidung, die „travaux préparatoires" offiziell unveröffentlicht zu lassen, dokumentierten die Vertragspartner, dass die Auslegung durch den EuGH nach dem „objektivierten" Willen der Urheber im jeweiligen Zeit- und Vertragskontext erfolgen sollte.

Aus Sicht der Kommission agiert der Notar nur im öffentlichen Interesse, partizipiert lediglich indirekt, nicht direkt und spezifisch, wie es Art. 51 AEU erfordert, an der Ausübung öffentlicher Gewalt.[410] Der Umstand, dass andere Staaten den rechtsgeschäftlichen Verkehr auch ohne ein Notariat lateinischen Zuschnitts bewältigen, ist für Art. 51 AEU allerdings zunächst ohne zentrale Bedeutung. Schlüsse von anderen Rechtsordnungen auf die Hoheitlichkeit notarieller Tätigkeit in Deutschland sind erst dann und nur insoweit erlaubt, als die Tätigkeiten der Berufsträger im Ausland funktional vergleichbar sind. Dies trifft z.B. für den englischen Notary und Scrivener Notary – auch Unionsbürgern zugängliche Ämter – bei allen statusrechtlichen Ähnlichkeiten nur partiell zu, denn einige aus deutscher Sicht hoheitliche Funktionen – wie die Ausstellung vollstreckbarer Urkunden – sind bereits dem materiellen Recht fremd.[411] Allein die Amtsträgerschaft des Notars (§ 1 BNotO) oder die Bezeichnung der von ihm ausgeübten Tätigkeiten als hoheitlich können die Geltung des Art. 51 AEU allerdings auch noch nicht aktivieren, schon weil Art. 51 nicht auf den Status, sondern die Natur der ausgeübten Tätigkeiten abstellt.[412] Auch Bezeichnungen wie „freiwillige Gerichtsbarkeit" oder „ausgelagerter Arm der Justiz"[413] können den Lackmustest nicht ersetzen: Entscheidend ist letztlich, wie die Beglaubigung von Unterschriften, die Beurkundung von Willenserklärungen (auch kraft ihrer Beweiswirkung, § 415 ZPO), die Erstellung von Registerbescheinigungen und vollstreckbaren Ausfertigungen eigener Urkunden (§ 797 II ZPO) für sich genommen und im Verhältnis zu anderen, „schlichten" Tätigkeiten wie z.B. Beratung[414] oder Mediation zu bewerten sind. Der verbreiteten Apotheose „vorbeugender Rechtspflege" durch Notare zum Trotz stehen diese bei keiner dieser Funktionen dem Richter gleich, denn der Notar trifft keine materielle Entscheidung, die dementsprechend auch nicht in

---

[409] *Karpenstein/Liebach,* EuZW 2009, 161 (164) m.w.N.

[410] Antragsschrift der Kommission in EuGH, Rs. C-54/08, ABl. Nr. C 107 v. 26. 4. 2008, S. 16f.

[411] Instruktiv *Schützeberg,* Der Notar in Europa, 2005, S. 231ff., 259ff., 290ff.

[412] Anders *Karpenstein/Liebach,* EuZW 2009, 161 (163).

[413] *Willer/Krafka,* DNotZ 2006, 885 (886); *Preuß,* GPR 2008, 2 (4) m.w.N.

[414] Vgl. § 24 BNotO. – Für diff. Betrachtung der Beratung *Hergeth* (o. Fn. 88), S. 172, 179f.; für Hoheitlichkeit insoweit *Fuchs,* ZEuS 2008, 143 (189).

materielle Rechtskraft erwachsen kann, und führt letztlich nur privatautonome Entscheidungen aus.[415] Die Beweiskraft öffentlicher Urkunden erstreckt sich überdies nur auf die Authentizität des Inhalts und der Umstände, nicht aber – anders als das Gerichtsurteil – auf die Richtigkeit des Urkundeninhalts.[416] Letztlich beruht die beweis- und vollstreckungsrechtliche Autorität notarieller Akte auf Sachkunde und berufsrechtlicher Sorgfalt des Notars; und um ihretwillen wird ihm hoheitsrechtliche Autorität zuteil.

Dennoch sind fachliche und hoheitliche Autorität des Notars interdependent und lassen sich ebenso wenig ohne weiteres voneinander trennen wie die einzelnen – in unterschiedlichem Grade hoheitlichen – Funktionen. Aus ihnen ragen die Erstellung öffentlicher Urkunden mit Beweiswirkung und die Erstellung vollstreckbarer Ausfertigungen heraus, selbst wenn Letztere in der Praxis allerdings nicht allzu häufig ist. Diese Tätigkeiten sind jeweils für sich nicht minder hoheitlich geprägt[417] als die eher akzidentiellen des Seekapitäns, aber für das Berufsbild des Notars weit repräsentativer und konstitutiver als notarielle oder administrative Funktionen für den Schiffsführer. Legt man die Maßstäbe aus den Entscheidungen *Anker* und *Marina Mercante* zugrunde – wogegen angesichts der Zweckkongruenz von Art. 45 IV und 51 AEU nichts spricht –, so kann mit aller Vorsicht, die einer so maßstabskargen Vorschrift wie Art. 51 AEU angemessen ist, der Schluss gezogen werden, dass diese – derzeit jedenfalls noch – auf deutsche Notare in ihrem gesamten Funktionszusammenhang Anwendung findet. Dies mag sich in dem Maße ändern, wie erstens deren sonstige Tätigkeiten an Bedeutung weiter zunehmen, und auch mit fortschreitender Europäisierung des Notariats. Allein die europarechtliche Quelle vieler notariell besiegelter Rechtsgeschäfte und die mögliche Anwendbarkeit der europäischen Grundrechte auf notarielle Akte entziehen Art. 51 AEU den Boden zwar noch nicht,[418] denn die Hoheitsgewalt selbst bleibt einzelstaatlich begründet. Anderes gilt für die zunehmende „Freizügigkeit notarieller Urkunden“,[419] die Deutschland keineswegs nur auf-

[415] Ebenso *Haeder,* ZEuS 2007, 117 (139) m. w. N.; *Heinz/Ritter,* EuZW 2009, 599 (602); a. A. *Karpenstein/Liebach,* EuZW 2009, 161 (165 f.).

[416] *Huber,* in: Musielak, ZPO, 7. Aufl. 2009, Rn. 10, 13; noch weitergehend *Schiller,* EuR 2004, 27 (46): Eine entsprechende Vermutung wohne jeder Art von Urkunde inne.

[417] Vgl. auch *Preuß,* GPR 2008, 1 (8 ff.); *Lurger,* ÖJZ 2009, 983 (990 f.); diff. *Fuchs,* ZEuS 2008, 143 (181 ff.); skeptisch (außer für Titelerstellung) *Tiedje/Troberg,* in: von der Groeben/Schwarze, EUV/EGV, Art. 45 EG Rn. 14 ff.; abl. *Schiller,* EuR 2004, 27 (47); *Schill,* NJW 2007, 2014 (2017 f.).

[418] So aber *Heinz/Ritter,* EuZW 2009, 599 (600 ff.). Skeptisch zur europarechtlichen Überformung *Schützeberg,* Der Notar in Europa, 2005, Rn. 50 ff., 58.

[419] Vgl. nur *Fuchs,* ZEuS 2008, 143 (152 f.).

gezwungen wird: Je gleichgültiger Deutschland die Identität des Staates wird, für den ein ausländischer Notar Hoheitsgewalt ausübt, weil es für die Anerkennung seines Handelns im Inland nur z.B. auf die Gleichwertigkeit von Beurkundungsbegriff, Beurkundungsverfahren und Notarausbildung abstellt,[420] desto stärker erodiert die Ratio des eigenen Staatsangehörigkeitsvorbehalts: Was bei ausländischen Notaren im Ausland gebilligt wird, kann Notaren ausländischer Staatsangehörigkeit im Inland nicht schlechterdings versagt bleiben.[421]

Der Staatsangehörigkeitsvorbehalt des § 5 BNotO ist nach alledem momentan noch europarechtskonform. Gleichwohl sollte Deutschland sich zur Aufhebung dieser rechtspolitisch überholten und staatsrechtlich nicht erforderlichen Barriere entschließen und Unionsbürgern wenigstens Zugang zur deutschen Notarausbildung gestatten.[422] Will es verhindern, dass sich die Niederlassungsfreiheit sowie die BQRL künftig auf Notare erstrecken, muss es auf regulative Eindämmung ihrer sonstigen, nichthoheitlichen Tätigkeiten bedacht sein. Andernfalls sollten schon jetzt normative Strategien für die „Zeit danach“ entwickelt werden. Das Vertrauen darauf, dass Tradition das Notariat unangreifbar mache,[423] ist trügerisch und nicht schutzwürdig. Denn mit der „schleichenden Erosion des Amtsverständnisses“, das von zunehmender Konkurrenz mit anderen Freien Berufen geprägt ist,[424] ändert sich die Bewertung des Notariats im Lichte des Art. 51 AEU. Kommt es einmal zum Paradigmenwechsel, wird der Gesetzgeber vor der Wahl stehen, das Notariat funktional aufzuspalten, um sich der Vorteile der Vorschrift für einzelne Aufgaben weiter zu versichern,[425] oder es en bloc zu liberalisieren. Im zweiten Fall ist u.a. über die Gestaltung einer Gleichwertigkeitsprüfung nach Art. 14 III BQRL, ggf. ein Hinwirken auf Ergänzung der besonderen berufsbezogenen Vorschriften in Kapitel III der BQRL, vor allem aber über Chancen für die Beibehaltung des bestehenden Notarstellensystems zu befinden. Ob eine übergreifende „europäische Notarrichtlinie“, wie sie von Rechtspraktikern

---

[420] Pointiert OLG Frankfurt/M, NZG 2005, 820.

[421] I.E. ebenso jene, welche die „spezifische“ Teilnahme an hoheitlicher Gewalt schon deshalb nicht als gegeben ansehen, weil die berufstypische Beurkundungsfunktion nur dem Randbereich hoheitlicher Gewaltausübung zuzuordnen sei; *Bröhmer* (o. Fn. 396), Rn. 3; *Schiller,* EuR 2004, 27 (30, 45ff., 49).

[422] Ebenso z.B. *Hergeth* (o. Fn. 88), S. 210; *Schippel,* FS Lerche, 1993, S. 499 (506); *Fuchs,* ZEuS 2008, 143 (195).

[423] Vgl. nur *Zimmermann,* FS Wolfsteiner, 2008, S. 223ff.

[424] *Zuck,* FS Schippel, 1996, S. 817 (825); *Hergeth* (o. Fn. 88), S. 197ff. m.w.N.; *Ott,* DNotZ 2001, Sonderheft, 83 (104); *Schill,* NJW 2007, 2014 (2018); ausführlich *Voscherau,* FS Spiegelberger, 2009, S. 1533 (1534ff.).

[425] „Teil-Notare“; vgl. *Hergeth* (o. Fn. 88), S. 199 m.w.N.

angeregt worden ist[426], dem berufsständischen Bewahrungsinteresse Rechnung trüge, ist zweifelhaft; sie könnte immerhin über den Weg der Europäisierung zu einer staatsübergreifenden Profilierung des Berufsstandes beitragen.

VI. Genese neuer Freier Berufe im Lichte des sekundären Europarechts (am Beispiel des Insolvenzverwalters)

Die Synergie deutscher und europäischer Gesetzgebung kann die Genese neuer oder zumindest die Reglementierung bereits existenter Freier Berufe befördern. Das BVerfG hat den Insolvenzverwalter als eigenständigen Beruf anerkannt.[427] Ein bestimmter Personenkreis spezialisiert sich auf Insolvenzverfahren, die ihm – vor allem bei wiederholter Bestellung als Verwalter – eine Lebensgrundlage bieten. Dabei ließ das Gericht zuletzt offen, ob das Ergreifen des Berufs und damit auch der Schutz des Art. 12 I GG erst mit der Bestellung zum Insolvenzverwalter nach § 56 InsO oder bereits im Vorfeld mit dem logistischen Fokus auf der Übernahme von Insolvenzverwaltungen einhergehen. Für die zweite Annahme sprechen die fachliche Spezialisierung in der Rechtswirklichkeit und die Art. 12 I GG innewohnenden Erfordernisse der Dauerhaftigkeit und der Sicherung der Existenzgrundlage,[428] so dass als vom Grundrecht geschützter Beruf der weit zu fassende des „Spezialisten für Insolvenzverwaltung" in Erscheinung tritt,[429] dessen Tätigkeitsschwerpunkt sich unabhängig von einzelnen Bestellungen in Insolvenzverwaltungen verstetigt hat. Aus europarechtlicher Sicht konturiert schon die Bereithaltung für Bestellungen einen Dienstleistungsmarkt – was indirekt auch das BVerfG bestätigt hat.[430]

Ein Insolvenzverwalter agiert, ohne Vertreter einer Partei zu sein, auf eigene Rechnung und Verantwortlichkeit. Er ist, wie auch das BVerfG jüngst betonte, höchstpersönlich mit der Insolvenzverwaltung betraut und nimmt die Aufgaben, auch soweit er sich Mitarbei-

---

[426] Vgl. *Heinz/Ritter,* EuZW 2009, 599 (603) m. w. N.

[427] BVerfG (K), NJW 2004, 2725 (2726 f.); BVerfG (K), 1/2719/04 v. 9. 2. 2005, Abs. 8 ff.; BVerfG (K), 1 BvR 369/08 v. 3. 8. 2009; offen gelassen von BVerfGE 116, 1 ff. (wo auf Art. 3 I GG abgestellt wird).

[428] Vgl. BVerfGE 97, 228 (253).

[429] Vgl. *Holzer/Kleine-Cosack/Prütting,* Die Bestellung des Insolvenzverwalters, 2001, S. 22 f.; *Hess,* ZIP 2007, 1042 (1047); tendenziell auch *Henssler,* ZIP 2002, 1053 (1054); explizit offen gelassen von BVerfG (K), 1 BvR 369/08, Abs. 10; anders BVerfG (K), NJW 2004, 2725 (2727); *Höfling,* JZ 2009, 339 (340)

[430] BVerfG (K), NJW 2004, 2725 (2728).

tern bedient, grundsätzlich auch höchstpersönlich wahr.[431] Seine Tätigkeit weist damit freiberufliche Züge auf.[432] Die Deutung und Bedeutung, die das BVerfG der Höchstpersönlichkeit beimisst, stellt die „Vervielfältigungstheorie" des BFH in Frage, wonach Insolvenzverwaltung nicht mehr vorwiegend auf der persönlichen Arbeitskraft des Insolvenzverwalters fuße und gewerbliche Einkünfte aus Vermögensverwaltung hervorbringe.[433] Diese Theorie assoziiert nicht nur den Verwalter in zweifelhafter Weise mit dem verwalteten Unternehmen, sondern misst auch der Emanzipation des Berufes vom formalen Bestellungsakt zu wenig Bedeutung bei: Der Insolvenzverwalter ist heute mehr als nur ein „Rechtsanwalt mit Nebentätigkeit". Sowohl das Verfassungs- als auch das Europarecht erzeugen Druck in Richtung einer Neubetrachtung, die stärkere Reglementierung nach sich ziehen kann. Gilt der Insolvenzspezialist als eigenständiger Beruf, kommt die Nichtaufnahme eines Berufsvertreters in die Liste einem Verbot des Berufszugangs zumindest nahe und muss, selbst wenn sich „überragend wichtige Gemeinschaftsbelange" für einen solchen Schritt finden, im Kern gesetzlich geregelt werden. Aus Sicht des BVerfG ermöglicht § 56 InsO als Auftrag an die Fachgerichte für die Entwicklung von Kriterien für die Ausübung des Auswahlermessens noch sachgerechte Entscheidungen – wobei aber „jeder Bewerber [...], der die grundsätzlich zu stellenden Anforderungen an eine generelle, von der Typizität des einzelnen Insolvenzverfahrens gelöste Eignung für das erstrebte Amt [des Insolvenzverwalters] erfüllt", in die Liste aufgenommen werden muss.[434] Selbst wenn man dieser Linie beipflichten will, sind jedenfalls weiteren nach objektiven oder nach individuellen Kriterien (Ausbildungsnachweise, Berufspraxis, Domizil) vorgenommenen Kontingentierungen durch die Gerichte Grenzen gesetzt. Soweit eine ihrerseits an Art. 12 I i.V.m. Art. 3 I GG zu messende Entscheidung des Gesetzgebers gefordert ist,[435] geht vom Grundgesetz Druck auf eine – den „Insolvenzspezialisten" mit erfassende – Reglementierung aus, die dann wiederum die Berufszugangsanforderungen der BQRL aktiviert.[436] Ein Unionsbürger, der im Ausland regelmäßig Insolvenzverwaltung betreibt, darf sich insofern nur unter den in Art. 11ff.

[431] BVerfG (K), 1 BvR 369/08 v. 3. 8. 2009, Abs. 21ff. m.w.N.

[432] Wohl a.A. *Höfling*, JZ 2009, 339 (341, 343): faktisch Justizangehöriger auf Zeit; nicht eindeutig *Holzer/Kleine-Cosack/Prütting* (o. Fn. 429), S. 15.

[433] St. Rspr.; vgl. BFH, ZIP 1994, S. 1877ff.; BFH, NJW 2002, 990 (991); dagegen *Siemon*, BB 2009, 1836 (1838ff.).

[434] BVerfGE 116, 1 (17); BVerfG (K), 1 BvR 369/08 v. 3. 8. 2009, Abs. 12ff.

[435] Näher dazu *Höfling*, JZ 2009, 339 (346ff.).

[436] *Sabel/Wimmer*, ZIP 2008, 2097 (2103). Vgl. auch die Vorschläge von *Holzer/Kleine-Cosack/Prütting* (o. Fn. 429), S. 61ff.

BQRL genannten Voraussetzungen (bestimmtes Qualifikationsniveau oder ggf. Ausgleichsmaßnahmen) in Deutschland niederlassen.

Auch die DLRL erzeugt Druck in Richtung einer Reglementierung.[437] Im Schrifttum wird darauf hingewiesen, dass die bisherige Praxis dem Screening unterliegt, das nicht allein auf Normen, sondern auf die gesamte Rechtsordnung, also auch richterliche Spruch- und Verwaltungspraxis, bezogen ist.[438] Die Aufnahme in eine Vorauswahlliste ist administrative Voraussetzung für die Berufsausübung und damit eine Genehmigung i.S.v. Art. 9 DLRL. Den Anforderungen eines „neutralen und transparenten Verfahrens" genügt sie jedoch nicht, denn abstrakte materiellrechtliche Kriterien sind nicht vorgegeben. Eine Auswahl, die nach Maßgabe der von jedem einzelnen Gericht für richtig gehaltenen Maßstäbe erfolgt, verfehlt die Transparenz- und Vorherigkeitsanforderungen der Art. 10 II lit. d, f, g und Art. 12 I DLRL (wenn man die Überschaubarkeit der Liste als „natürliche" Begrenzung ansieht). Zwar ist bei Ressourcenknappheit eine Bewerberauswahl zulässig, die Vorauswahlliste erzeugt jedoch eine *künstliche* Verknappung. Auch sind Beschränkungen der Genehmigungswirkung auf einen Teil des staatlichen Hoheitsgebiets, wie die Listung sie bewirkt, nach Art. 10 IV DLRL nur aus zwingenden Gründen gestattet. So sehr rasche Erreichbarkeit im Allgemeininteresse liegt, so wenig kann angesichts gestiegener Mobilität pauschal unterstellt werden, dass ein ortsfern residierender Bewerber diesem Kriterium nicht genügen kann.[439]

Bei der künftigen Ausgestaltung des Insolvenzverwalters als Freier Beruf ist zwischen formellen und materiellen Anforderungen zu unterscheiden, eine klare Trennung jedoch kaum möglich. Verfassungs- und europarechtlich geboten sind Änderungen im Bereich der Listung. Verfahrenstransparenz und Überregionalität geben Anlass zur Begründung eines geregelten Auswahlverfahrens, das materiellen Leitvorgaben folgt.[440] Entscheidet sich der Gesetzgeber, die gebotenen Regelungen zu einer Berufsordnung für Insolvenzverwalter zu verdichten, würde dies auch unter Qualifikationsgesichtspunkten zu einer Emanzipation von den bisherigen Basisberufen (vor allem des

[437] Vgl. *Sabel/Wimmer,* ZIP 2008, 2097 (2102ff.).

[438] Vgl. Art. 9 II, 15 I DLRL: „in ihrer [jeweiligen] Rechtsordnung"; dazu auch *Cornils,* in: Schlachter/Ohler (o. Fn. 22), Art. 9 Rn. 20ff.

[439] Ähnlich *Sabel/Wimmer,* ZIP 2008, 2097 (2104), die überdies auf das Verbot der Residenzpflicht, Art. 14 I lit. b DLRL, verweisen; vgl. auch *Cornils,* in: Schlachter/Ohler (o. Fn. 22), Art. 12 Rn. 16ff.; Bedenken gegen Kriterium der Ortsnähe auch bei BVerfG (K), 1 BvR 369/08 v. 3. 8. 2009, Abs. 16f.

[440] Vgl. auch *Wieland,* ZIP 2007, 462 (464); *Höfling,* JZ 2009, 339 (343ff.); *Holzer/Kleine-Cosack/Prütting* (o. Fn. 429), S. 61ff.

Rechtsanwalts) führen. Im groben Umriss kommen für eine künftige Reglementierung u.a. die folgenden Parameter in Betracht:

- Die von den Instanzgerichten geführten Listen könnten durch ein – nach Möglichkeit elektronisches – Bundesverzeichnis der Insolvenzverwalter ersetzt werden, das alle zur Insolvenzverwaltung bereiten Personen mit Angaben zur Berufsqualifikation (Ausbildung, Zahl der bisher durchgeführten Verfahren, Dauer der beruflichen Praxis etc.) aufnimmt und dem Zugriff der Gerichte offen steht.
- Mittelfristig sollten spezifische berufsrechtliche Regeln für Insolvenzverwalter bzw. Experten für Insolvenzverwaltung entwickelt werden, die auch deren „Listenfähigkeit" (nach Maßgabe von Grund- und/oder Zusatzausbildungen oder beruflicher Praxis) regeln. Die ebenfalls vorgeschlagene Zertifizierung von Insolvenzverwaltern[441] ist kraft ihres technisch-organisatorischen Fokus allenfalls als flankierende Maßnahme sinnvoll und kann allgemeingültige Vorgaben für Berufsqualifikation und -zulassung nicht ersetzen.
- Die Einrichtung einer Insolvenzverwalterkammer setzt nicht nur einen spezifischen beruflichen Ordnungsrahmen voraus, sondern auch die Herausbildung eines abgrenzbaren Kreises von Berufsangehörigen. Solange noch die weitaus meisten Insolvenzverwalter zugleich Rechtsanwälte sind, besteht für eine davon abgekoppelte Selbstverwaltung kein dringender Bedarf.

---

[441] Dazu *Bergner,* NZI 2007, 642ff.; *Haarmeyer,* NZI 2007, 635ff.; skeptisch *Hess,* ZIP 2007, 1042 (1047f.); *Sabel/Wimmer,* ZIP 2008, 2097 (2099f.).

D. Qualitätssicherung bei Freien Berufen

Qualitätssicherung ist für die Zukunft der Freien Berufe deswegen bedeutsam, weil sie gewährleistet, dass dem vom Dienstleistungsempfänger „blind" entgegengebrachten Vertrauen im gleichen Maße Vertrauenswürdigkeit korrespondiert.[442] Herzstück des Qualitätssicherungskonzepts der DLRL ist Art. 26. Sein Anwendungsbereich greift über den der Kapitel III und IV insoweit hinaus, als er auch für jene Berufe volle Geltung beansprucht, die (wie Wirtschaftsprüfer und Rechtsanwälte) hinsichtlich einiger Aspekte Sondervorschriften unterliegen. Auch hängt die Anwendung des Art. 26 DLRL nicht davon ab, ob für die Dienstleistungsfreiheit in Art. 17 DLRL Ausnahmen statuiert sind. Dass die Dienstleistungen der im Erbringungsmitgliedstaat Niedergelassenen ebenso wie die der vorübergehend dort tätigen Dienstleistungser-bringer erfasst werden, folgt bereits aus Art. 5 III BQRL, der grundsätzlich die vor Ort geltenden berufsständischen Regeln für maßgeblich erklärt.

I. Das Maßnahmenspektrum: Zwischen Freiwilligkeit und Verbindlichkeit

Art. 26 I DLRL schreibt den Mitgliedstaaten vor, in Zusammenarbeit mit der Kommission – die gleichsam als Relais zwischen den einzelnen Mitgliedstaaten operiert – Maßnahmen zu ergreifen, um die Dienstleistungserbringer zur „freiwilligen" Sicherung der Qualität der von ihr erfassten Dienstleistungen „anzuhalten". Unter mehreren geeigneten Modellen werden zwei exemplarisch („insbesondere") aufgeführt: das externe Qualitätssicherungsmodell der Zertifizierung (lit. a) und – als internes Qualitätssicherungsmodell – ein sich in Qualitäts-Charten oder Gütesiegeln manifestierendes berufsständisches Qualitätsmanagement (lit. b). Ob diese Maßnahmen auch kumulativ ergriffen werden können, lässt die Vorschrift ebenso offen wie die Frage, ob eine ausschließlich im Unionsrecht verwurzelte Charta berufsständische Regeln ausschließen würde. Die Mit-

[442] *Hommerich* (o. Fn. 36), S. 211.

gliedstaaten sollen nach Art. 26 IV DLRL auch eine unabhängige Qualitätsevaluation „auf Gemeinschaftsebene" fördern, und zwar „begleitend",[443] womit wohl gemeint ist: die sonstigen Qualitätsvorgaben des V. Kapitels arrondierend. Art. 37 DLRL stellt unter dem Rubrum „Konvergenzprogramm" eine weitere Vorgabe von Bedeutung für die Dienstleistungsqualität auf: Die Mitgliedstaaten wirken insoweit nach einem Art. 26 DLRL entsprechenden Muster auf die Berufsverbände ein, um auf Gemeinschaftsebene Verhaltenskodizes auszuarbeiten, welche Dienstleistungserbringung und Niederlassung grenzüberschreitend erleichtern sollen.[444]

Der weich und unscharf formulierte Art. 26 DLRL lässt nahezu alle wesentlichen Fragen offen: wie sich das Zusammenwirken von Mitgliedstaaten und EU vollzieht, wie Berufsverbände innerstaatlich und unionsweit organisiert werden, in welchem Rang mitgliedstaatliche zu unionsübergreifenden Qualitäts-Charten stehen. Offen bleibt auch, wie verbindlich die an die Mitgliedstaaten, insbes. in Abs. 1, adressierten Aufträge zu verstehen sind: Eine Pflicht zu bestimmten Handlungen entspringt dieser Vorschrift nicht, auch keine solche zur staatlichen Normsetzung, wie sie bei der Umsetzung europarechtlicher Vorgaben um des „effet utile" willen sonst geboten ist.[445] Letztlich spricht Art. 26 DLRL eine Förderungs- und – mit Blick auf die Europäische Kommission – eine Kooperationspflicht aus, deren Imperativ nur wenig über den eines Staatszieles hinausgeht. Auch die Natur der aus ihrer Erfüllung entspringenden Sekundärpflichten der Berufsangehörigen ist auf den ersten Blick unklar. Der scheinbare Widerspruch zwischen „freiwillig" und „anhalten" findet sich in anderen Sprachfassungen nicht, wo eher eine „Ermutigung" der Dienstleister anklingt.[446] „Freiwillig" könnte heißen, dass die Einhaltung der Qualitätsstandards dem einzelnen Dienstleistungserbringer freigestellt ist, oder auch nur, dass auf gesetzlichen Zwang verzichtet wird, wohingegen Berufsverbände durchaus über verbindliche Qualitätsvorgaben beschließen könnten. Auch eine Interpretation ist denkbar, nach der allfällige verbindliche gesetzliche Standards unabhängig vom Qualitätssicherungsmodus des Art. 26 DLRL gesetzt werden können.[447]

---

[443] Französisch: „mesures d'accompagnement"; in der spanischen Fassung heißt es „medidas complementarias", also ergänzende Maßnahmen, und in der niederländischen „flankerende maatregelen".

[444] Auf Art. 37 DLRL hebt insbesondere ab BFB (o. Fn. 11), S. 10.

[445] Vgl. EuGH, Rs. 14/83, *von Colson und Kamann,* Slg. 1984, 1891.

[446] „Encourager" (französisch); „encourage" (englisch); „incentivar" (portugiesisch); „moetigen" (niederländisch).

[447] *Streinz,* in: Schlachter/Ohler (o. Fn. 22), Rn. 7, hält Sanktionen bis hin zur strafrechtlichen Verfolgung für zulässig – was allerdings überhaupt nicht zur Freiwilligkeit passen will; anders aber Rn. 10.

II. Das Qualitätssicherungskonzept der Dienstleistungsrichtlinie und seine Umsetzung

Bezeichnend für die konzeptionelle Unbestimmtheit des Art. 26 DLRL ist, dass nicht einmal festgelegt wird, ob und inwieweit die Qualitätssicherungsprogramme auf europäischer oder mitgliedstaatlicher Ebene durchgeführt werden. So stellt Art. 26 I lit. b DLRL den Dienstleistungserbringern frei, eigene Qualitäts-Charten zu entwickeln oder sich an „auf Gemeinschaftsebene erarbeiteten Qualitätscharten oder Gütesiegeln von Berufsverbänden" zu beteiligen. Erst der Vergleich mit der französischen Textfassung[448] stellt klar, dass Urheber auch der Qualitäts-Charten die Berufsverbände sein sollen und auch die Gütesiegel von diesen auf Gemeinschaftsebene entwickelt werden (wofür es der Zusammenarbeit nach Abs. 3 bedarf). Dies impliziert nicht die Unzulässigkeit auf einzelne Mitgliedstaaten beschränkter Gütesiegel, da die Maßnahmen („insbesondere") nur exemplarisch aufgeführt werden.[449]

1. Funktionale und konzeptionelle Umsetzungsbarrieren bei Freien Berufen

Der Beitrag zur „Europäisierung der Freien Berufe", den Art. 26 DLRL leistet, steht letztlich unter mehreren Vorbehalten: Mitgliedstaaten und Kommission müssen auf eine europaweite oder zumindest staatenübergreifend-kooperative Lösung hinwirken, und die Verbände Freier Berufe müssen – parallel zueinander – Dachorganisationen auf Unionsebene schaffen. Um solche Zusammenschlüsse oder auch nur eine bereichsbezogene Zusammenarbeit (die bei einer Reihe von Freien Berufen bereits existiert)[450] zu ermöglichen, ist eine gewisse Rechtskonvergenz auf nationaler Ebene, was den Beruf und die rechtlichen Grundlagen seines Verbandes betrifft, eine wesentliche Voraussetzung: Materielle Europäisierung und Qualitätssicherung bedingen also einander. Vor allem aber muss ein Konsens

---

[448] Dort ist von „l'élaboration de leur propre charte de qualité ou la participation aux chartes ou labels de qualité élaborés par des organismes professionnels au niveau communautaire" die Rede.

[449] Vgl. *Streinz*, in: Schlachter/Ohler (o. Fn. 22), Art. 26 Rn. 12, auch unter Hinweis auf Erwägungsgrund 102.

[450] Z.B. Rat der Europäischen Anwaltschaften (CCBE), seit 1960; Europäische Steuerberatungsorganisation (CFE), seit 1959.

erreichbar sein in der Frage, wie „Qualität" der Dienstleistungserbringung bei Freien Berufen gemessen werden kann.

Was die fachliche Seite betrifft, sind der Qualitätseinschätzung Grenzen gesetzt. Spezialisierung, Einschätzungsspielräume und Ungewissheit über Qualitäts-Erfolgs-Relationen, der oft begrenzte Aussagewert des Fachwissens für die Qualität der tatsächlich erbrachten Leistungen, aber auch Unabhängigkeit und Vertraulichkeit bei der Berufsausübung bilden Barrieren gegenüber der Festlegung objektiver Qualitätsmaßstäbe über diejenigen hinaus, die schon derzeit im Berufsrecht niedergelegt sind. Misserfolge (Heilbehandlung schlägt fehl, Klage wird abgewiesen) können auch leistungsexterne Ursachen besitzen. Je wissenschaftsnäher ein Freier Beruf ist und je mehr Raum für schöpferisches, nicht von festgelegten Verfahrensmustern bestimmtes Handeln besteht,[451] desto großzügiger muss zudem der Einschätzungsspielraum der einzelnen Berufsangehörigen hinsichtlich der Qualität der Leistung bemessen werden. Liberalisierungen beim Werberecht können den Kommunikationsfluss über qualitätsrelevante Informationen nur in bescheidenem Maße erhöhen. Vielfach ist die Erwartung einer bestimmten Dienstleistungsqualität intrinsisch und selbstverständlich mit der Leistungserbringung verbunden: Von einem Chirurgen darf erwartet werden, dass er eine Blinddarmoperation unter hygienisch einwandfreien Bedingungen erfolgreich durchführt, von einem Anwalt, dass keine Fristen versäumt oder Akten verlegt werden. Qualitätsleitende strukturelle Faktoren – wie Absolvieren zusätzlicher Ausbildungsgänge oder Fortbildungen, Vorliegen einer angemessenen Büro- oder Praxisinfrastruktur, die Verwendung bestimmter Software, objektive Servicemerkmale wie z.B. Dienstzeiten etc. – lassen sich wesentlich einfacher bestimmen. Welchen Aussagewert sie aber für die Qualität der gesamten Dienstleistung haben, ist ebenso offen wie die Frage, ob angesichts der Vielgestaltigkeit freiberuflicher Leistungserbringung selbst solche äußerlichen Qualitätsfaktoren in verlässlicher Weise standardisierbar sind. Nicht in Qualitätszielen und -maßstäben unterscheiden sich Einzeldienstleister und freiberufliche Kollektive erheblich, auch verfügen Letztere vielfach bereits jetzt über ein betriebsinternes Qualitätsmanagement.[452]

---

[451] *Bulla,* Freiheit der Berufswahl, 2009, S. 481f.: Wegen Qualitätssicherung durch Wettbewerb Entbehrlichkeit des Großen Befähigungsnachweises.

[452] Vgl. *Hommerich* (o. Fn. 36), S. 160ff.

2. Interne oder externe Bewertung

a) Berufsgruppenexternes Qualitätsmanagement durch Zertifizierung

Die soeben getroffene Diagnose zeigt an, dass die Zertifizierung freiberuflicher Einheiten (Art. 26 I lit. a DLRL) durch „unabhängige oder akkreditierte Einrichtungen" an Grenzen stößt. Auch ist das Zertifizierungsmodell aus funktionalen und rechtlichen Gründen nicht für eine Gesamtbewertung von Freiberuflern konzipiert. Sein Zweck besteht vornehmlich in der verbindlichen Festlegung auf technisch-administrative Standards, die auch nichtstaatlicher Herkunft sein können.[453] Gewiss ist auch bei freiberuflichen Entitäten eine Zertifizierung in Bezug auf strukturelle Merkmale objektiver Art denkbar, doch bleibt ihr Erkenntniswert verhalten (supra 1). Hinzu kommt,' dass auch die Zertifizierungsstelle u.U. unter dem bereits verschiedentlich erwähnten Erkenntnisgradienten zwischen Dienstleistungserbringer und -empfänger leiden kann. Da das fachliche und teils auch organisatorische „Herrschaftswissen" bei den Berufsangehörigen konzentriert ist, sind externe Einrichtungen für ein fachbezogenes (also das Fachwissen und den materiellen Leistungsinhalt evaluierendes) Qualitätsmanagement Freier Berufe nicht allzu gut geeignet. An verfassungsrechtliche Grenzen stößt ein Zertifizierungs- und Akkreditierungssystem überdies spätestens dann, wenn an das Ergebnis rechtliche Folgen für Berufswahl oder -ausübung des Berufsträgers geknüpft werden oder Rechte Dritter (der Dienstleistungsempfänger) betroffen sind. In diesem Fall sind die zertifizierende Agentur und/oder die sie akkreditierende Einrichtung funktional in die Ausübung von Staatsgewalt eingebunden und bedürfen hierfür der Beleihung.[454]

Bereits vor Ende der Umsetzungsfrist für die DLRL begannen private Einrichtungen in Deutschland mit Zertifizierungen von Dienstleistern unter Einschluss von Freiberuflern (Anwaltskanzleien) nach ISO 9001:2000 (mit dem Zusatz „Dienstleistungsrichtlinie").[455] Diese Bezeichnung ist irreführend,[456] da die Richtlinie über Art. 21 ff. hinaus keine Qualitätsstandards definiert. Das Wesen der Richtlinie als eines

---

[453] *Pünder,* ZHR 170 (2006), 567 (592); *Streinz,* in: Schlachter/Ohler (o. Fn. 22), Art. 26 Rn. 16.

[454] Verfassungsrechtliche Vorbehalte gegen Zertifizierung von Insolvenzverwaltern durch private Vereine: *Hess,* ZIP 2007, 1042 (1047 f.).

[455] Z. B. sind Mitgliedskanzleien der „DIRO EWIV" (zu deren Werbung *Stückemann,* AnwBl 2001, 111) nach „ISO 9001:2000 DLRL rezertifiziert".

[456] Vgl. allgemein *Kort,* GRUR 1997, 701 (707); ferner *Schulte/Schulte,* MMR 2002, 585 (586).

an die Mitgliedstaaten adressierten Rechtsakts, der bis zur Umsetzung und selbst nach Ablauf einer nicht genutzten Umsetzungsfrist keine Pflichten für Einzelne erzeugen kann,[457] wird insoweit verkannt. Hiervon abgesehen vermag die prozessorientierte ISO 9001:2000 die Qualität funktional ausdifferenzierter, strukturell vielfältiger und vor allem auf schöpferische Arbeit gerichteter Organisationen nicht hinlänglich zu erfassen. Daher stößt auch der Vorschlag, Insolvenzverwalter – alternativ zur hier vorgeschlagenen Reglementierung – zu zertifizieren, auf Bedenken: Aspekte wie die bisher erwirkte Quote oder erfolgreiche Sanierungen lassen nur bedingt Rückschlüsse auf die Qualität der Verwaltung zu:[458] Da die Kriterien für die Leistungsbestimmung zur Grundlage einer staatlichen Entscheidung erhoben werden, müssen auch insoweit zumindest die Grundlagen der Zertifizierung (die Akkreditierung) gesetzlich festgelegt werden.[459]

b) Berufsgruppeninternes Qualitätsmanagement: Qualitäts-Charten und Gütesiegel

Aus fachlichen Gründen vorzugswürdig erscheint ein Qualitätsmanagement im Rahmen der Berufsverbände (Art. 26 I lit. b, II, III DLRL). In Deutschland gegenwärtig zur Anwendung kommende berufsgruppeninterne Qualitätsmanagementsysteme sind außerordentlich vielgestaltig. Soweit sie einzelnen Berufsgruppen zugeordnet werden können, reicht der Bogen von der staatlich regulierten und teilweise sanktionsbewehrten Qualitätskontrolle über berufsständische Einrichtungen (Wirtschaftsprüfer) über die gesetzlich ausgeformte Verpflichtung zur qualitativen „Selbstveranlagung" von Freiberuflern (Kassenärzte) und kammerinterne Zertifizierungsverfahren (Apotheker) bis zu bloßen Leitlinien privatrechtlicher Berufsvertretungen (Rechtsanwälte).[460] Auf Unionsebene erarbeitete Charten i.e.S. existieren bisher nicht; auch der 1988 erlassene Code of Conduct for European Lawyers gilt nicht schlechthin für Rechtsanwälte in den EU-Staaten, sondern nur für solche, die grenzüberschreitend Dienstleistungen erbringen.[461]

Bei sachgerechter Ausgestaltung kann ein auf Art. 26 DLRL aufbauendes berufsinternes Qualitätssicherungskonzept einem gemein-

---

[457] EuGH, Rs. 80/86, *Kolpinghuis Nijmegen,* Slg. 1987, 3969, Rn. 9; Rs. 152/84, *Marshall I,* Slg. 1986, 723, Rn. 48; verb. Rs. 372–374/85, *Oscar Traen,* Slg. 1987, 2141, Rn. 24; Rs. C-97/96, *Daihatsu Deutschland,* Slg. 1997, I-6843, Rn. 24.

[458] Vgl. auch *Andres,* NZI 2008, 522 (523f.); *Germ,* NZI 2009, 359 (360).

[459] Vgl. *Bergner,* NZI 2007, 642 (644).

[460] Einzelheiten bei *Eickhoff,* Berufsaufsicht der freien Berufe in geteilter Verantwortung von Kammern und Staat, 2007, S. 194ff.

[461] CCBE (Conseil des barreaux européens), Code of Conduct for European Lawyers vom 28. 10. 1988 i.d.F. vom 19. 5. 2006, Nr. 1.5 (www.ccbe.org).

europäischen „soft law" im Bereich der Freien Berufe und europaweiten Berufsvertretungen den Weg ebnen. Der zu passierende Grat indes ist schmal, denn sollen die Regeln um der Schärfung des Berufsgruppenprofils willen über die nur exemplarisch genannten Gütesiegel und Qualitäts-Charten hinausgehen, besteht die Gefahr, dass der Liberalisierungsansatz der DLRL konterkariert wird. Vor allem soweit das Qualitätsmanagement den Kammern anvertraut wird, sind konzeptionelle Fallstricke zu beachten. Befürchtungen, die Standesrichtlinien könnten auf „kaltem Wege" wieder eingeführt werden,[462] lassen sich rein formal zwar mit dem Einwand zerstreuen, das Verfassungsrecht lasse seit den „Bastille-Entscheidungen" solch materiellrechtlich ungebundenes Handeln ohne gesetzliche Ermächtigung ohnedies nicht mehr zu.[463] Die Gefahr aber, dass Qualitätsmanagement in den Sog des Satzungsrechts gerät und Qualitätsstandards in einer dem Geiste des Art. 26 DLRL widersprechenden und mit Art. 12 I GG schwerlich vereinbaren Weise mittelfristig dann doch als Berufspflichten ausgewiesen werden, besteht jedenfalls latent. Mit einer Pflicht, unverbindliche Qualitätsstandards von statutarischen und möglicherweise sanktionsbewehrten Regeln (wie nach § 59b BRAO) klar zu unterscheiden und diese unterschiedlichen Gremien zuzuweisen, lässt die Gefahr sich lindern, aber nicht beseitigen; denn berufliche Rechte und Pflichten lassen sich, wie oben (II 2) dargelegt, gerade bei Freien Berufen von der Frage nach der Dienstleistungsqualität oft nicht trennen. Insofern nähert sich die interne, aber unverbindliche Qualitätssicherung, wo sie den Akzent auf Freiwilligkeit setzt, der Quadratur des Kreises.

Inhalt und Wirkungsweise möglicher Qualitätssicherungskonzepte lassen sich von diesen Erkenntnissen kaum abstrahieren. Der Vorschlag einer Rückbesinnung auf Berufsethik und -ethos nach dem Muster des Deutschen Corporate Governance Kodex (DCGK)[464] kann den Freien Berufen ideologisch und moralisch das Rückgrat stärken, doch müssten dem Kodex berufsspezifische und strukturspezifische Sub-Kodizes beigegeben werden, da handhabbare Qualitätskriterien nur auf dieser Ebene formuliert werden können. Rechtspolitisch bedenklich muss die Übernahme des in § 161 AktG verankerten Berichtsmodells erscheinen: Kraft der gesetzlichen Pflicht, Rapport über die Nichteinhaltung des Kodex zu erstatten, wirkt dieser als „gesetzesgleiche" Verhaltensregel und damit als

---

[462] *Hellwig,* AnwBl 2008, 644 (652), sieht „den Geist der alten Standesrichtlinien wieder aus der Flasche kommen".

[463] BVerfGE 76, 171 (185); 76, 191 ff.; ebenso E 94, 273 (390); 98, 49 (60 f.); dazu *Knauer/Wolf,* BRAK-Mitt. 2007, 142 (143 f.).

[464] *Henssler,* AnwBl 2009, 1 (7 f.).

Grundrechtseingriff.[465] Die rechtliche Unfähigkeit der Kammern, gegen die Nichteinhaltung der von ihnen formulierten Qualitätsstandards vorzugehen, könnte ihrer Ummünzung in satzungsrechtliche Standards Vorschub leisten. Davon abgesehen, berühren Charten, Prüfverfahren, die Versagung von Gütesiegeln etc., wenn sie von (öffentlich-rechtlichen) Berufsverbänden ausgehen, die Berufsfreiheit nicht erst dann, wenn sie mit Sanktionen, Berichtspflichten oder auch nur einem berufsethischen Stigma verbunden sind.

Die Ambivalenz berufsgruppeninterner Qualitätssicherung wird hier offenbar. Letztlich ist die Formulierung von Kodizes mit einer faktischen oder formalen Zertifizierung (des Fachwissens und in Grenzen auch der Fachleistungen) durch Kammern und ggf. privatrechtliche Berufsverbände nicht nur der externen Zertifizierung, sondern wegen der dargelegten konzeptionellen Bedenken auch der DCGK-Analogie vorzuziehen. Ein weiterer Vorzug der Variante ist in ihrer ausreichenden Flexibilität zu sehen, um innerhalb einer Berufsgruppe alle Ausübungsformen zu erfassen. Während andernfalls bestimmte Gruppen innerhalb eines stark diversifizierten Berufs (so bei Rechtsanwälten: Großkanzleien, Kleinsozietäten, Einzelanwälte, Syndici, Anwälte im Nebenberuf und Counsels, Generalisten, Spezialisten, Fachanwälte, bloß beratende oder prozessvertretende Anwälte) ein Opting-out erklären müssten, könnten nach und nach für diese Gruppen Qualitätskodizes „maßgeschneidert" werden.

Je allgemeiner die Kodizes gefasst sind und je mehr sie auf Berufsethik fokussieren, desto weniger ist von ihnen für die Profilierung der Freien Berufe zu erwarten. Nicht nur weil es sich um „im Prinzip unverbindliche" Grundsätze handelt, ist ihre Integrativ- und Appellativkraft begrenzt. Zudem gilt Art. 26 DLRL keineswegs nur für Freie Berufe, gewährleistet also nicht ohne weiteres, dass sich diese Berufsgruppe allein dank des Bestehens von Qualitätsstandards von gewerblichen Dienstleistern abhebt. Berufsethische Standards haben, wie gesetzlich verankerte Begriffe wie Kaufmannsehre („Anstand und Sitte des ehrbaren Kaufmanns", § 1 I IHKG) oder „Handelsgebrauch"[466] zeigen, auch im Gewerbe Tradition. Berufsspezifische Kodizes dienen vorrangig der Selbstvergewisserung, ihr Mehr-wert gegenüber berufsrechtlicher Regulierung (Satzungen eingeschlossen), ist, jedenfalls wo ein Regulierungsbedarf erkannt ist, äußerst fraglich. Zudem besteht die Gefahr, dass das Trennende stärker betont wird als das die Freien Berufe Verbindende. Mit einer übergreifenden Prinzipiensammlung würde im besten Falle ein ausführliches „restatement" der Freien Berufen zugeschriebenen und,

---

[465] Vgl. *Hüffer*, AktG, 8. Aufl. 2008, § 161 Rn. 3f. m.w.N.

[466] § 346 HGB; vgl. auch §§ 359, 380 II, 393 II, 394 I HGB.

wie weiter oben (A I 1–3) belegt worden ist, nicht in jedem Falle berechtigten Typusmerkmale erreicht werden.

3. Zulässigkeit pflichtiger Qualitätssicherungsvorgaben

Nichts in Art. 26 DLRL deutet auf die Unzulässigkeit gesetzlicher und ggf. sanktionsbewehrter Qualitätsstandards hin (die ja z.B. in Art. 22f. DLRL vorausgesetzt werden), nicht einmal der *generelle* Vorrang „freiwilliger" Regelungen ist angeordnet. Sind über die bloße Qualitätssicherung hinaus andere zwingende Belange des Allgemeinwohls berührt, ist die Rechtmäßigkeit von Gegenmaßnahmen eine Frage der Verhältnismäßigkeit. Aus Qualitätsmängeln können Gefahren für die Öffentlichkeit erwachsen (z.B. bei Parteiverrat des Anwalts, ärztlichen Kunstfehlern, Missachtung des Baurechts durch Architekten, falscher Statikberechnung durch Ingenieur, Honorarwucher), die effizient oftmals nur durch staatliche Vorgaben und Sanktionen bekämpft werden können. Auch mit der allgemeinen Zielrichtung der Richtlinie lässt sich die Unzulässigkeit strikter Vorgaben – wie verbindlicher Fortbildungspflichten – nicht begründen, da sie keine „Maximalharmonisierung", ja überhaupt keine Harmonisierung mitgliedstaatlicher Regeln anordnet,[467] sondern allein Überprüfung und ggf. Beseitigung von Hindernissen für die Verwirklichung von Grundfreiheiten. Dies schließt nicht aus, dass Qualitätsvorgaben in Widerspruch zu primärrechtlichen Vorgaben der Dienstleistungs- und Niederlassungsfreiheit treten können.

Gesetzliche und ggf. sanktionsbewehrte Vorgaben sind aber auch insoweit zulässig, als die Qualitätssicherung zwingende Gemeinwohlerfordernisse reflektiert. Fortbildungspflichten stehen weder Art. 14f. noch Art. 16 DLRL grundsätzlich entgegen. Die Entziehung einer Berufszulassung wegen Nichtteilnahme an Fortbildungsmaßnahmen würde gleichwohl bei den meisten Berufen nicht nur in die Berufsfreiheit übermäßig eingreifen. Sie liefe auch dem Geiste der BQRL (Art. 11) zuwider, wonach Berufsqualifikation durch eine berufsqualifizierende Ausbildung und ersatzweise teils auch durch berufliche Praxis begründet wird. Die generelle Unzulässigkeit auch sanktionsbewehrter Fortbildungspflichten (die für einzelne „gefahrengeneigte" Berufe auch heute schon festgeschrieben sind)[468] kann jedoch weder aus Europa- noch aus Verfassungsrecht abgeleitet werden.[469]

---

[467] Art. 95 EG ist als Rechtsgrundlage nicht aufgeführt. – Vgl. *Streinz/Leible,* in: Schlachter/Ohler (o. Fn. 22), Einführung, Rn. 24f.

[468] Bisher ohne Sanktionsdrohung: § 43a VI BRAO; § 57 IIa StBerG; mit Nachweispflicht: § 4 Musterberufsordnung Ärzte (dazu *Scholze/Finkeißen,* MedR 2004, 141 [147]).

[469] Zu den verfassungsrechtlichen Aspekten: *Scholze/Finkeißen,* MedR 2004, 141 (147). Vgl. zur Debatte auch *Hommerich/Kilian,* NJW 2110, 31 (34f.).

E. Bilanz und Thesen

Die oft fälschlich als „Kommerzialisierung" gegeißelte, vom Europarecht unterstützte Öffnung der Freien Berufe zu stärker marktorientierten Funktions- und Organisationsmustern bietet Anlass zu einer Neubestimmung ihrer Koordinaten. Auch wenn die Schrankenziehung zum Gewerbe zunehmend künstlich erscheint, werden Freie Berufe doch auch weiterhin durch genuine Berufsgruppenmerkmale geprägt, die kategoriespezifische Regulierungsansätze nahe legen, ja gebieten: Die Unabhängigkeit der Berufsausübung will geschützt, die Erbringung der im öffentlichen Interesse liegenden Dienstleistung gesichert, Vertraulichkeit und Redlichkeit der Kundenbeziehungen wollen gewährleistet sein, wo Qualifikations- und Informationsasymmetrien die zuverlässige Feststellung von Qualität, Wert und Gefahrengeneigtheit einer Dienstleistung erschweren. Die europarechtliche Überformung aller Dienstleistungsmärkte können die Freien Berufe als rechtserhebliche Kategorie überdauern, wenn es gelingt, das durch die umrissenen Spezifika geprägte Berufsgruppenprofil zu schärfen und eine „Sonderstellung" zu untermauern. Die EG-Dienstleistungsrichtlinie hätte eine Chance eröffnen können, nicht nur die von der Kommission diagnostizierten Wettbewerbshemmnisse bei Freien Berufen anzugreifen, sondern diese Berufsgruppe auch konstruktiv-gestaltend zu erfassen. Der Gemeinschaftsgesetzgeber hat sie ungenutzt gelassen, freilich ohne sie endgültig zu verschenken. Inkonsistenzen im deutschen Recht werden europäischerseits bislang eher bestätigt, ja durch die selektiven Anwendungsmaßstäbe der DLRL geradezu verstärkt, kaum jedoch beseitigt. So wirkt die DLRL auf das deutsche Konzept der Freien Berufe – das derzeit schwerlich „System" genannt zu werden verdient – in vielerlei Hinsicht konservierend, auch weil Screening-Vorgaben und Bereichsausnahmen der Richtlinie auf manche Besonderheiten Freier Berufe faktisch Bezug nehmen. Die systemische Intervention dagegen bleibt, zumal neue materielle Standards kaum aufgestellt werden, begrenzt: Gleichwohl wohnt der DLRL insoweit, als sich die Mitgliedstaaten zu einem synchronen, die Widersprüche zwischen staatlichen, aber auch europarechtlichen Vorgaben einebnenden „Facelifting" bei Freien Berufen veranlasst sehen könnten, eine möglicherweise überschießende Wirkmacht inne. Die primär- wie sekundärrechtlich erzwungene „Europäisierung der Freien Berufe" stellt Selbstverständnis und rechtliche Rahmenbedingungen auf den Prüfstand, hält aber auch das Potenzial für die (grenzüberschreitende) Stärkung der Berufsgruppe bereit. Diese Rückbesinnung auf das den Freien Berufen Eigentliche liegt, da der europäische Gesetzgeber untätig geblieben ist, zunächst in der vorwiegend, aber nicht ausschließlich politischen Verantwortung nationaler Regelungsinstanzen. Europarechtliche und verfassungsrechtliche Vorgaben, vor allem der allgemeine Gleichheitssatz, gehen Wechselwirkungen ein, aus denen wenigstens punktuell Änderungsnotwendigkeiten folgen. Die Normenprüfung nach der DLRL sollte – unter Berücksichtigung verfassungsrechtlicher Vorgaben – darüber hinausgehend zum Anlass für eine stärkere Parallelführung freiberuflicher Regelungen auch unter Berücksichtigung derjenigen Berufe genommen werden, die von der DLRL nicht erfasst werden. Einer Gesamtregelung der Freien Berufe steht hierzulande die verfassungsrechtliche Kompetenzverteilung im Wege, doch lassen sich rechtsverbindliche Grundsätze als Kernelemente eines Berufsgruppenbildes auf der Grundlage der Art. 59, 114 AEU festschreiben. Hinzu tritt als mögliche Rechtsgrundlage Art. 14 AEU; die bislang in Rechtsetzung wie Schrifttum nicht ausreichend gewürdigte Bedeutung freiberuflicher Dienstleistungen als Elemente der „Daseinsvorsorge" könnte zunächst in einer generalklauselartigen Bestimmung festgehalten werden.

„Neuordnung" der Freien Berufe ist vor diesem Hintergrund mit einer Konzentration auf prägende Kernmerkmale verbunden, die regulativer Festschreibung und Umhegung bedürfen. Der Abbau von Wettbewerbshemmnissen in Bereichen wie Organisations- oder Werberecht, der auf nationaler Ebene schon vor Jahrzehnten einsetzte, wird durch die „Lissabon"-Strategie der EU nur beschleunigt. Dieser De-Regulierung (im Sinne des Abbaus wettbewerbsbeschränkender Normen) steht indes – wie auf allen ordnungsbedürftigen Märkten – ein grundrechtlich abgefederter, wenn auch etwas weniger markanter Trend zur Re-Regulierung gegenüber. Er betrifft nicht nur Information, Kundenschutz oder Qualitätsmanagement, wo sich eine Tendenz zu „weicheren" Rechtsgrundlagen abzeichnet, sondern auch die rechtliche Verankerung bestimmter Freier Berufe als solcher. Das Wechselspiel von BQRL, DLRL und nationalen Grundrechten fördert die Reglementierung bislang ungeregelter Freier Berufe und steckt damit das erweiterte Aktionsfeld künftiger Normgeber bereits ab.

Thesen

1. Als *rechtliche* Kategorie haben die Freien Berufe Zukunft, wenn erstens ein übergreifendes rechtserhebliches Berufsgruppenprofil bestimmt oder entwickelt werden kann und zweitens Bedarf für spezifische Regulierungsmaßnahmen besteht, die an einem solchen Profil anknüpfen und es zugleich legislativ fortschreiben.
2. Das überkommene Bild des Freiberuflers muss einer von technischem Fortschritt, Globalisierung und Europäisierung bestimmten Rechtswirklichkeit angepasst werden, in welcher Berufsträger überstaatlich vernetzt und oft disziplinübergreifend im Rahmen größerer beruflicher Einheiten agieren. Die Bewertung solcher Tendenzen als „Kommerzialisierung" verschleiert, dass Freie Berufe und Gewerbe sich wechselseitig annähern, und ist geeignet, die überfällige Neuprofilierung der Freien Berufe als klar konturierte Kategorie von Dienstleistungserbringern zu blockieren.
3. Auch unter dem Einfluss materiellrechtlicher und zum Teil terminologischer Europäisierung hat sich bislang kein umfassendes, kohärentes und konsistentes Konzept der Freien Berufe abgezeichnet. Maßgebliche Sekundärrechtsvorschriften, wie die EG-Berufsqualifikationsrichtlinie (2005) und die EG-Dienstleistungsrichtlinie (2006), meiden den Terminus. Wo das Recht der EU auf ihn ausnahmsweise rekurriert, werden Inkonsistenzen des nationalen Rechts nicht bereinigt, sondern im Gegenteil in die überstaatliche Ordnung übernommen.
4. Die Überformung der Freien Berufe durch Europarecht, vor allem im Zuge der „Lissabon-Strategie", darf nicht einseitig als Angriff auf grundfreiheitsbeschränkende Regulierung berufsgruppenspezifischer Eigenschaften verstanden werden. Vielmehr bietet die gebotene Revision, insbesondere das „Normenscreening" nach Maßgabe der Dienstleistungsrichtlinie, die Chance, unter Berücksichtigung verfassungsrechtlicher Wertungen (u.a. Art. 3 I GG) für jeden einzelnen Freien Beruf und die Freien Berufe als Komplex konsistentere und auf Konvergenz gerichtete Regelungskonzepte zu entwickeln.
5. Einander bedingende Typusmerkmale Freier Berufe, mit denen Regulierungsbedarf einhergeht, sind Gemeinwohlaffinität

(Grundrechtsbezug), besondere Qualifikation, Vertrauensbedürfnis (Schutzbedürftigkeit der Dienstleistungsempfänger infolge Informationsasymmetrie) und Unabhängigkeit der Berufsausübung. In Deutschland kann ein Regulierungskonzept, das zur Schärfung des Berufsgruppenprofils beitragen soll, aufgrund der verfassungsrechtlichen Verteilung der Normsetzungskompetenzen auf Bund, Länder und Selbstverwaltungsträger am ehesten durch eine Parallelführung berufsspezifischer Regelungen verwirklicht werden.

6. Die Profilschärfung der Freien Berufe muss eine Revision der wechselseitigen Abgrenzung von Gewerblichkeit und Freiberuflichkeit einschließen. Nicht nur die Zirkularität gesetzlicher Negativdefinitionen schadet dem Eigenständigkeitsanspruch der Freien Berufe. Dazu trägt auch bei, dass die steuerliche Einordnung einer Tätigkeit als gewerblich oder freiberuflich an die Ausübungs- bzw. Organisationsform gekoppelt ist. Mit der typologischen Anknüpfung an den Gesellschaftszweck könnte ein Rationalitätsgewinn erzielt werden.

7. Das teils punktuelle, teils permanente „Screening" nach der Dienstleistungsrichtlinie muss mit einer verfassungsrechtlichen Prüfung des für Freie Berufe geltenden Rechts in Deutschland verbunden werden. Grundfreiheitswidrige Maßnahmen sind oftmals auch mit der Berufsfreiheit gemäß Art. 12 I GG unvereinbar. Eingriffe in die Berufsfreiheit können berufsgruppennützige Reflexe aufweisen. Insoweit tritt die Wertentscheidungsfacette des Art. 12 I GG zutage, die gesetzliche Maßnahmen zum Schutze der (gemeinwohlaffinen) Systeme Freier Berufe gebietet. Stereotype Formeln wie „geordnete Rechtspflege, Steuerpflege" etc. münden jedoch in einen verfassungsrechtlich bedenklichen Autodeterminismus des Ordnungssystems und genügen zur Rechtfertigung von Eingriffen grundsätzlich nicht. Überdies kann ein europarechtlich veranlasster Abbau von Beschränkungen („Deregulierung") mit verfassungsrechtlichen Wertungen in Konflikt treten, insbesondere wenn er die Benachteiligung von Inländern zur Folge hat.

8. Das allgemeine wirtschaftliche Interesse, das einige freiberufliche Dienstleistungen prägt, hat in rechtsdogmatischer Hinsicht bislang kaum Würdigung erfahren, könnte jedoch nach Inkrafttreten des Lissabon-Vertrages einen Ansatzpunkt zur Schärfung des Berufsgruppenprofils bieten. Zwar wären eine Monopolisierung oder Bevorrechtigung solcher Tätigkeiten im Rahmen förmlicher Betrauung nach Art. 106 II AEU (Art. 86 II EG) nicht gerechtfertigt. Um europaweit allgemeine Grundsätze für diese Freien

Berufe rechtsverbindlich festzulegen oder zumindest ein generalklauselförmiges Bekenntnis zu ihnen in der Dienstleistungsrichtlinie zu verankern, könnte jedoch Art. 14 AEU nunmehr eine Grundlage eröffnen.

9. Das komplexe und unübersichtliche Regel-Ausnahmen-Verhältnis der Dienstleistungsrichtlinie ist partiell unausgewogen, leistet Rechtsunsicherheiten Vorschub und erschwert damit die rechtspolitisch erwünschte und rechtlich teils auch gebotene Straffung und Parallelführung im Zentralbereich der Freien Berufe. Tatsächlich ist der Vorrang, welcher in Art. 17 DLRL berufsspezifischen Sondervorschriften zugesprochen wird, durch den Regelungsinhalt der in Bezug genommenen Normen begrenzt, so dass insbesondere für Rechtsanwälte, aber auch für Wirtschaftsprüfer, keine Totalausnahme vom Anwendungsbereich des Art. 16 DLRL ausgesprochen wird.

10. Die freie Wahl der Organisationsform ist als Ausdruck der Berufs- und Niederlassungsfreiheit auch Freiberuflern grundsätzlich zuzubilligen. Die gegenwärtig teilweise divergenten Vorgaben zu korporativer Ausübung sind aus rechtlichen und rechtspolitischen Gründen anzugleichen. Zwar kann die Unterscheidung zwischen Gewerbe und mit einer „Sonderstellung" versehenen Freien Berufen Regelungen legitimieren, welche Freiberuflern den Zugang zu Personenhandelsgesellschaften verwehren. Lediglich Regelungen, die ihn nur unter dem Vorbehalt der Teilgewerblichkeit gestatten, müssen, da widersinnig und systemwidrig, beseitigt werden. Rechtspolitisch gesehen erscheint eine Öffnung, kraft welcher allen (beratenden) Freiberuflern insbesondere die GmbH & Co. KG nutzbar würde, indes vorzugswürdig. Nahe liegt sie insbesondere dann, wenn – wie hier gefordert wird (vgl. These 6) – Erträge aus freiberuflicher Betätigung sollten unabhängig vom gesellschaftsrechtlichen Organisationsrahmen im steuerrechtlichen Sinne als freiberuflich eingeordnet werden.

11. Disparitäten zwischen Beschränkungen, denen die Fremdbeteiligung an Einheiten verwandter Freier Berufe unterliegt, sind zu beseitigen. Um der Unabhängigkeit der Berufsausübung willen sollte die Beteiligung von Nicht-Freiberuflern an freiberuflichen Gesellschaften auf ein Viertel der Anteile begrenzt, die reine Kapitalbeteiligung ohne aktive Mitwirkung grundsätzlich untersagt bleiben.

12. Multidisziplinäre Zusammenarbeit unter Freiberuflern sollte im Grundsatz vor allem innerhalb klassischer Sozietäten und der PartG allgemein gestattet sein, solange es sich um Angehörige reglementierter Berufe handelt. Einschränkungen sind auf Aus-

nahmefälle zu begrenzen, die durch strukturelle Inkompatibilität oder besondere Missbrauchsrisiken geprägt sind. Verbleibenden Interessenkonflikten kann, zumindest im kapitalgesellschaftlichen Rahmen, ggf. durch Einrichtung sozietätsinterner „Compliance"-Funktionen begegnet werden. Die Zulassung „denominationsfreier" gemischter Freiberufler-Gesellschaften ist zu erwägen.

13. Mindest- und Höchstpreise können Dysfunktionalitäten freiberuflicher Dienstleistungsmärkte entgegenwirken und sind, jedenfalls wenn sie im Kern dispositiv angelegt sind, ebenso verfassungs- und europarechtskonform wie die für Erfolgshonorare geltenden Beschränkungen. Eine weitere Liberalisierung ist jedoch mit Blick auf die Rechtsentwicklungen in benachbarten Staaten vor dem Hintergrund der wachsenden Bedeutung des grenzüberschreitenden Dienstleistungsverkehrs rechtspolitisch angezeigt. Am „quota-litis"-Verbot ist festzuhalten, da ein am finanziellen Klageerfolg beteiligter Anwalt nicht hinreichend unabhängig zu agieren vermag.

14. Es empfiehlt sich, die noch verbleibenden berufsständischen Werbeverbote für Angehörige Freier Berufe abzuschaffen und berufliche Kommunikation allein am UWG zu messen. In berufsständischer Selbstverwaltung erlassene Werbebeschränkungen stoßen, auch wenn sie mit Europarecht konform gehen, angesichts der potenziellen Betroffenheit dritter Grundrechtsträger auf verfassungsrechtliche Bedenken. Sie haben überdies prozessualer Kasuistik nicht entgegenwirken können und sich daher zur Herstellung von Rechtsfrieden als nur bedingt geeignet erwiesen.

15. Der Staatsangehörigkeitsvorbehalt für deutsche Notare wird von der Normenprüfung nach der Dienstleistungsrichtlinie nicht erfasst. Derzeit ist das notarielle Berufsbild insgesamt noch in einer Weise hoheitsrechtlich durchwirkt, dass die Bereichsausnahme des Art. 51 AEU die Geltung der Niederlassungsfreiheit auszuschließen vermag und auch die Bestimmungen der Berufsqualifikationsrichtlinie nicht zur Anwendung kommen. Diese rechtliche Bastion wird jedoch nicht mehr gehalten werden können, wenn die schlichte Beratung durch Notare an Bedeutung noch zunimmt und die Euroäisierung des Beurkundungswesens voranschreitet. Aus rechtspolitischer Sicht empfiehlt sich schon jetzt, Unionsbürgern wenigstens den Zugang zur deutschen Notarausbildung zu ermöglichen.

16. Die Dienstleistungsrichtlinie führt keineswegs nur zum Abbau berufsbezogener Vorschriften („De-Regulierung"), sondern ka-

talysiert, z.B. über Vorgaben für berufsbezogene Genehmigungen und im Wechselspiel mit verfassungsrechtlichen Vorgaben, im Gegenteil Verrechtlichung und Reglementierung und damit die Entstehung neuer freiberuflicher Berufsbilder. Insbesondere beim Insolvenzverwalter – oder besser Spezialisten für Insolvenzrecht – bedarf es der Ergänzung der bislang nur rudimentär vorhandenen beruflichen Ordnungsregeln unter Einschluss von Berufsqualifikationsvorgaben.

17. Unter den Mechanismen zur Qualitätssicherung von Dienstleistungen, zu deren Einführung die Dienstleistungsrichtlinie verpflichtet, eignen sich Akkreditierung und Zertifizierung für Freie Berufe aufgrund ihres nicht primär prozessorientierten Charakters nur bedingt. Insbesondere dann, wenn berufsgruppenexterne Organisationen damit betraut sind, weisen sie einen primär prozessorientierten Charakter auf. Zur Entwicklung fachleistungsbezogener Qualitäts-Charten sind am ehesten die berufs- wie sachnahen Kammern berufen, doch ist Sorge dafür zu tragen, dass die formulierten Standards unverbindlich bleiben und nicht den Keim neuer statutarischer Pflichten bilden. Die Bezugnahme der Richtlinie auf „unverbindliche" Regeln hindert Mitgliedstaaten zwar grundsätzlich nicht, Berufsangehörige auf die Erfüllung bestimmter Qualitätsstandards (z.B. Fortbildungsnachweise) zu verpflichten. Wird der Verpflichtung nicht genügt, ist die Entziehung der Berufszulassung jedenfalls bei den beratenden Freien Berufen jedoch grundsätzlich unverhältnismäßig.